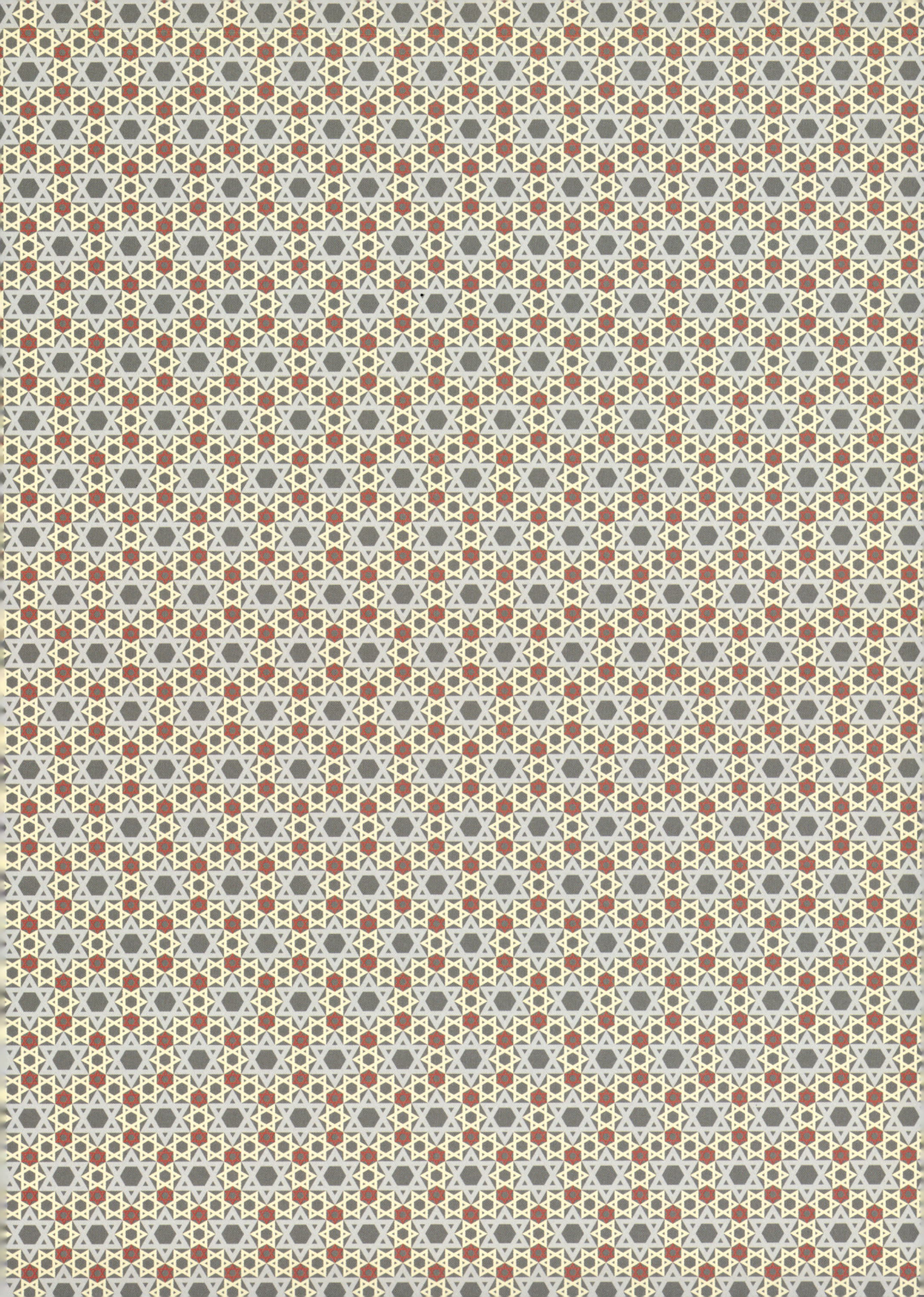

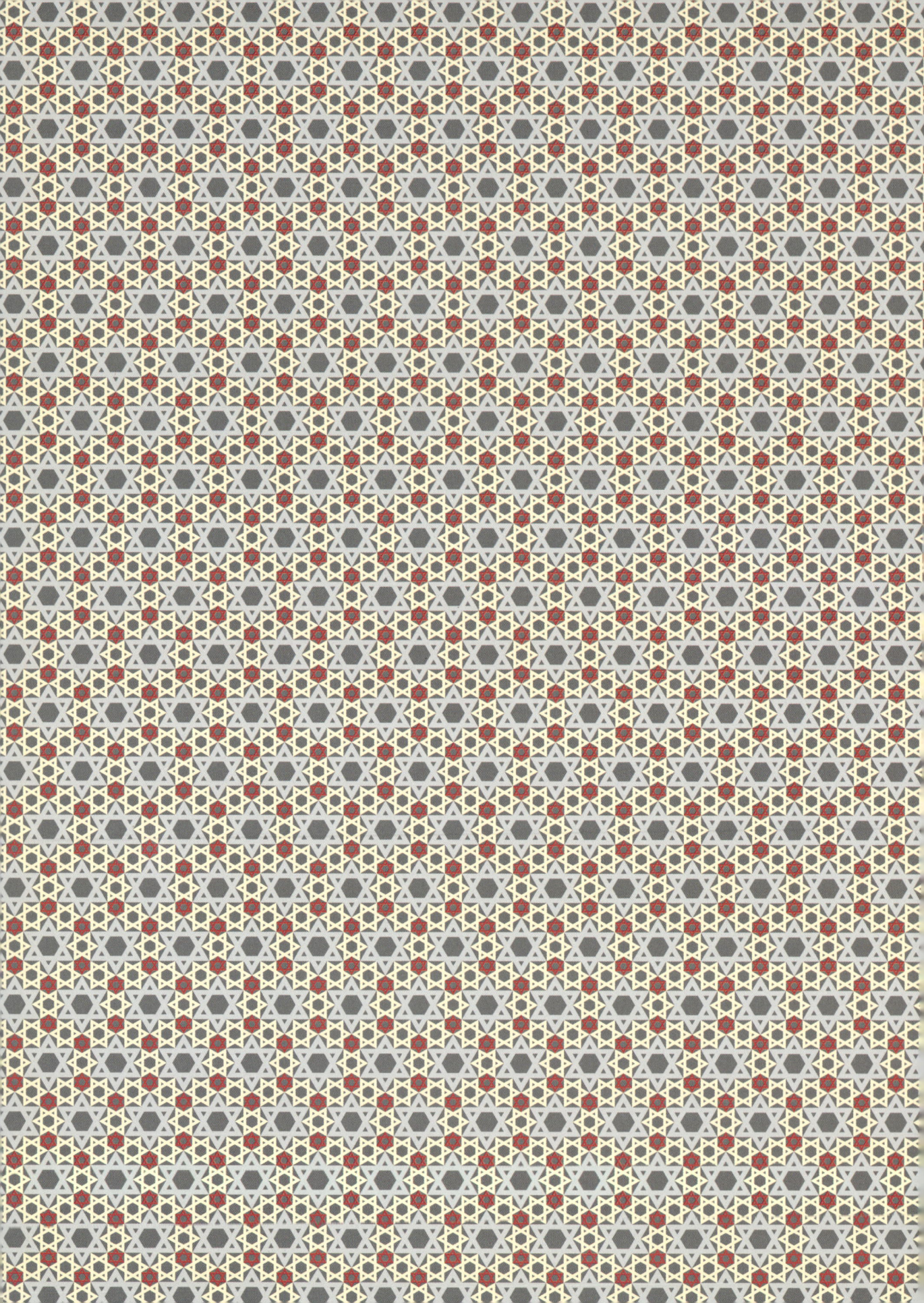

소소한 즐거움이 있는 핸드메이드

처음 만드는 펠트 소품

Lady Boutique Series No.2509 CHISANA TEDZUKURI FELT NO KOMONO

Copyright ⓒ2006 by BOUTIQUE-SHA, INC.
All rights reserved.
Original Japanese edition published by BOUTIQUE-SHA, INC.
Korean translation rights ⓒ.2012 by Happy Dream Publishing co.
Korean translation rights arranged with BOUTIQUE-SHA, INC. Tokyo
through EntersKorea Co., Ltd. Seoul, Korea

이 책의 한국어판 저작권은 (주)엔터스코리아를 통한 일본의 BOUTIQUE-SHA, INC와의 독점 계약으로 즐거운상상이 소유합니다.
신 저작권법에 의하여 한국 내에서 보호를 받는 저작물이므로 무단전재와 무단복제를 금합니다.

처음 만드는 펠트 소품

1판 1쇄 인쇄 2012년 1월 25일
1판 1쇄 발행 2012년 2월 1일

지은이 | 도리우 미유키 외
옮긴이 | 김현영
펴낸이 | 정원정, 김자영
편집 | 홍현숙
디자인 | 김강아

펴낸곳 | 즐거운상상
주소 | 서울시 용산구 문배동 11-14 이안1차 101동 오피스텔 202호
전화 | 02-706-9452 팩스 02-706-9458
전자우편 | happywitches@naver.com
출판등록 | 2001년 5월 7일
인쇄 | 백산하이테크

ISBN 978-89-92109-88-8
ISBN 978-89-92109-69-7(세트)

*이 책의 모든 글과 그림, 사진, 디자인을 무단으로 복사, 복제, 전재하는 것은 저작권법에 위배됩니다.
*책값은 뒤표지에 있습니다.

소소한 즐거움이 있는 핸드메이드
처음 만드는 펠트 소품

my first little felt crafts

A to Z

즐거운상상

PROLOGUE

이 책은 핸드메이드를 처음 시작하는 이들을 위한 책입니다.
손으로 무언가를 만들어보고 싶은데 과정이 복잡하고 어려울 것 같다고요?
그렇다면 쉽게 금방 만들 수 있는 펠트는 어떠세요?
올이 풀리지 않아 시접처리를 하지 않아도 되니, 참 간단하답니다.
초보자도 쉽게 익힐 수 있도록 사진과 그림으로 자세히 설명했습니다.
이 세상에 딱 하나뿐인 나만의 작품을 만들어 보세요.

06/07
LITTLE FELT CRAFTS
CONTENTS

CHAPTER 1
외출할 때 직접 만든 소품들과 함께해요!

외출할 때면 늘 가지고 다니는 파우치와 북 커버, 키 케이스 등 가방에 쏙 들어가는 작고 귀여운 소품들을 직접 만들어 보세요. 외출하는 발걸음이 더욱 가벼워지겠지요?

Before start 10

실물 크기 본을 옮겨 그리는 방법
본을 뜰 때의 주의점
표시넣는 방법과 자르는 방법
수놓는 방법
바느질하는 방법

심플 파우치 14

카드케이스 & 카드케이스 커버 16

양 파우치 & 나비 파우치 20

아이팟 나노 케이스 23

책갈피 26

필통 28

키 케이스 31

북 커버 34

미니 토트백 37

동글동글 파우치 40

마스코트 43

티슈 케이스 **46**

휴대전화 케이스 **48**

동전 지갑 **50**

디지털카메라 케이스 **54**

두루주머니 **56**

납작 가방 **59**

CHAPTER 2
나만의 장식 소품

평소와 달리 멋을 내고 싶은 날, 직접 만든 코르사주를 옷이나 가방에 달아보세요.
기분이 좋아질 거예요.

심플 코르사주 **62**

가방장식 레이스 **64**

꽃 코르사주 **66**

스팽글 코르사주 **68**

CHAPTER 3
여유롭고 따뜻하게 즐기는
휴식 시간

집에서도 카페 분위기를 연출해 볼까요? 티코지와 티팟 매트, 티 코스터 등 직접 만든 소품으로
여유로운 한때를 보내세요.

티코지&티팟 매트 70

냄비 손잡이 74

카페 타임 세트 77

티 코스터 80

CHAPTER 4
한 땀 한 땀 떠나가는 바느질 시간,
나만의 바느질 용품

내 마음에 쏙 드는 바느질 도구에 둘러싸여 한 땀 한 땀 푹 빠져서 바느질하는 행복한 시간.
새로운 아이디어가 마구 솟아나요.

바느질 도구함 82

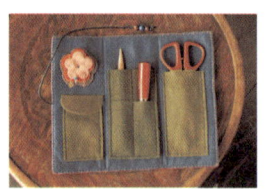

휴대용 바느질 도구함 85

바늘방석 88

**가위집, 줄자 케이스 커버,
쪽가위집 92**

CHAPTER 5
집에서 보내는 시간을 더욱 즐겁게 해주는 사랑스러운 소품들

집안에서 휴식을 취하는, 참으로 행복한 한때. 손수 만든 소품이 곁에 있다면 더욱 즐거운 기분이 들겠지요? 사랑스러운 소품들 속에서 편안하고 행복한 기분에 젖어보세요.

실내화 95

비즈 소품 바구니 98

똑딱단추 소품 바구니 100

아플리케 쿠션 102

작은 새 마스코트 104

미니 화분 커버 세트 106

쿠키 자매 108

캐러멜 형제 110

버섯 집 112

A 실물 크기 본을 옮겨 그리는 방법

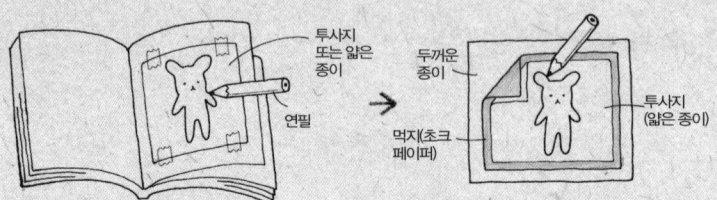

1 책에 나온 실물 크기 본 위에 투사지(트레이싱지) 또는 얇은 종이를 올려놓고 연필로 덧그리세요. 복사기로 복사해도 돼요.

2 두꺼운 종이, 먹지(초크페이퍼), 투사지 또는 얇은 종이의 순서대로 올려놓고, 심이 딱딱한 연필(2H~3H)로 선을 따라 그리면 두꺼운 종이에 본이 나타납니다.

! 대학 노트처럼 얇은 종이를 사용하면 두께도 적당하고, 괘선이 있어서 선을 그리기도 좋아요!

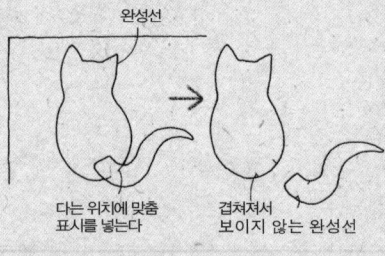

본을 뜰 때의 주의점 ①
본이 겹쳐져 있으면 선이 끊어지게 되므로 본뜰 때 주의하세요. 반드시 맞춤 표시를 해주어야 해요.

B 본을 뜰 때의 주의점

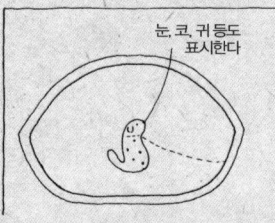

본을 뜰 때의 주의점 ②
먼저 도안을 그려놓고 나서 수를 놓으세요.

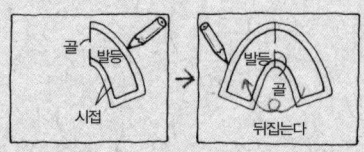

본을 뜰 때의 주의점 ③
'골' 부분은 골 선에 맞춰서 본을 뒤집어 그려주세요.

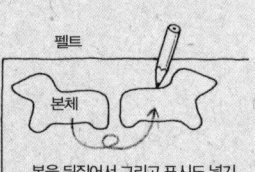

본을 뜰 때의 주의점 ④
좌우대칭으로 마름질할 때는 본을 뒤집어서 그려주고, 필요한 표시를 넣어주세요.

C 표시 넣는 방법과 자르는 방법

자르는 방법 ①

1 본을 잘라낸다

완성선 표시
본

↓

2 연필로 펠트에 본을 뜬다

본
펠트
HB나 B연필 사용. 진한 색의 펠트에는 흰색 연필을 사용한다

↓

3 표시한 위치에서 잘라낸다

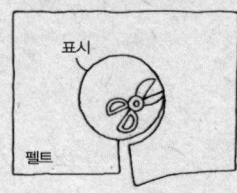
표시
펠트

자르는 방법 ②
(큰 조각에는 맞지 않아요)

1 조각에 여백을 두고 잘라낸다

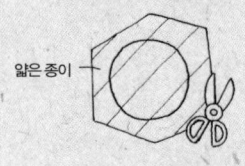
얇은 종이

↓

2 셀로판 테이프로 본을 펠트에 붙인다

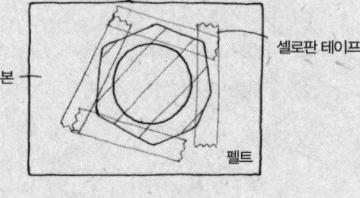

본
셀로판 테이프
펠트

↓

3 본과 함께 잘라낸다

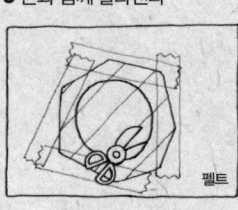
펠트

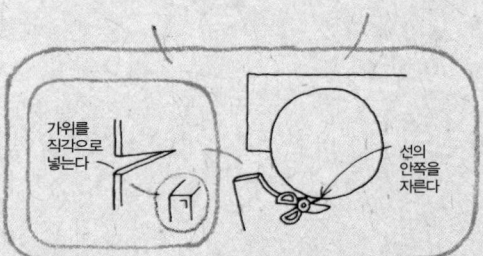
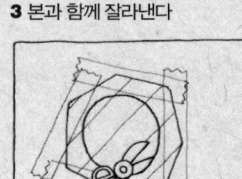
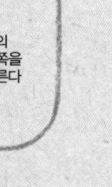
가위를 직각으로 넣는다
선의 안쪽을 자른다

12/13
LITTLE FELT CRAFTS
BEFORE START

D 수놓는 방법

⊙ 보는 법

'스티치'라는 뜻

(예) 러닝S(빨간색 · 2가닥)

자수실의 색깔 / 수를 놓을 때의 실의 가닥 수

*색이 지정되지 않았으면 펠트의 색에 맞추세요.

⊙ 자수실을 뽑는 방법

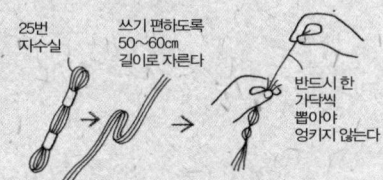

25번 자수실 / 쓰기 편하도록 50~60cm 길이로 자른다 / 반드시 한 가닥씩 뽑아야 엉키지 않는다

⊙ 가닥이란?

바늘에 실을 꿰어서 원단을 지나는 실의 가닥 수를 말해요.

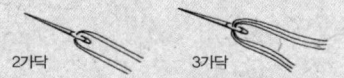

2가닥   3가닥

⊙ 스티치 만들기

레이지데이지 스티치		크로스 스티치		스트레이트 스티치	
ʊ	3빼기 4넣기 1빼기 2넣기 3빼기	×	1빼기 3빼기 4넣기 3 2넣기	─	2넣기 1빼기
블랭킷 스티치		러닝 스티치		백 스티치	
∏∏∏∏	3빼기 1빼기 2넣기	− − −	3빼기 2넣기 1빼기	− − −	바늘땀의 2배만큼 진행한다 1빼기 3빼기 2넣기
새틴 스티치		프렌치너트 스티치		아우트라인 스티치	
≡	3빼기 1빼기 2넣기	ʕ	2회 감기 1빼기 2넣기	∿∿	3빼기 2넣기 1빼기
카우칭 스티치		플라이 스티치		플라이 스티치 (응용) 눈을 수놓을 때	
─┼─┼─	1빼기 2넣기	∨	1빼기 2넣기 3빼기 4넣기	⋎ˌˌ⋎	2넣기 1빼기 3빼기 7빼기 5넣기 6넣기 4넣기 8넣기 눈의 곡선만큼

E 바느질 하는 방법

● 박는다
시작할 때와 끝낼 때는 재봉 선 위에 2~3회 겹쳐서 박는 되박음질을 한다.

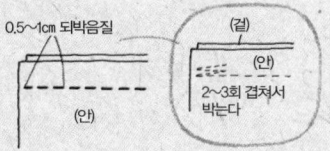

● 감친다
한쪽 시접만 접어서 이을 때의 감침질(시접이 없는 아플리케의 경우도 마찬가지)

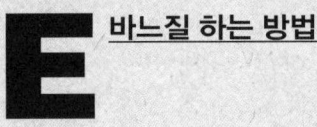

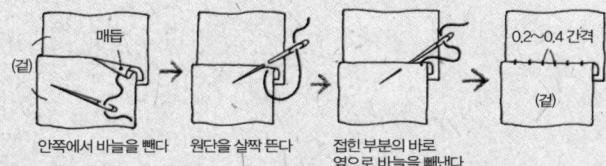

양쪽 시접을 다 접어서 이을 때의 감침질(실이 드러나지 않게-공그르기)

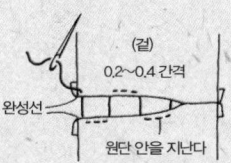

● 손바느질
시작 매듭

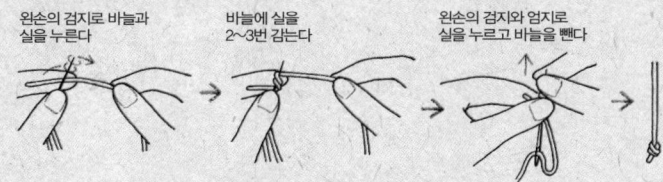

끝내기 매듭

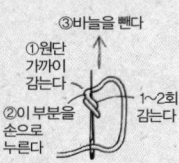

● 일반 바느질

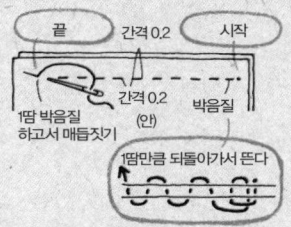

● 2장을 같이 꿰맬 때의 블랭킷 스티치 (블랭킷 스티치의 진행방향은 좌우 어느 쪽이든 좋아요)

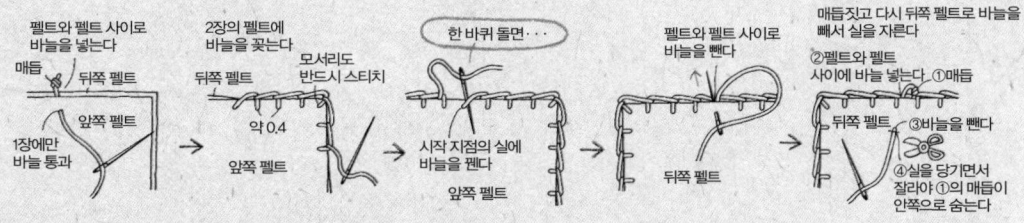

14/15
LITTLE FELT CRAFTS
CHAPTER 1

디자인·제작 / 도리우 미유키

심플 파우치

복고풍의 천을 곁들여서 더욱 멋스러운 파우치예요.
지퍼로 여미는 주머니가 앞에 달려 있고, 가죽끈으로 둘둘 말면 된답니다.

01 파우치(1개분)

◉ **준비물**

- 펠트A(왼쪽 회색, 오른쪽 모스그린) 두께 1mm, 40×25cm
- 펠트B(왼쪽 흰색, 오른쪽 크림색) 두께 1mm, 5×5cm
- A천(면, 프린트무늬) 20×20cm
- 지퍼 16cm 1개
- 가죽끈 0.3cm폭 75cm
- 수예용 솜 조금

*마름질하기에는 시접이 포함되어 있지 않습니다.
원문자가 가리키는 숫자는 시접의 치수입니다. 시접을 지정한
부분 이외에는 시접을 두지 말고 그대로 마름질하세요.

◉ **방울 실물 크기 본**

◉ **만드는 방법**

마름질하기

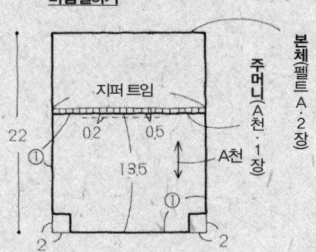

1 주머니에 지퍼를 단다.

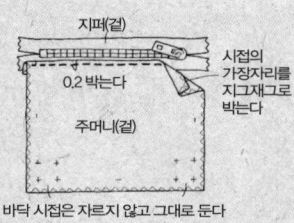

2 본체에 주머니를 단다.

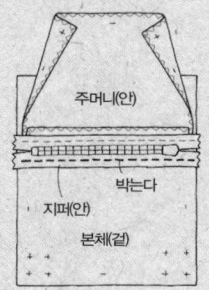

3 주머니의 옆선과 바닥을 꿰맨다.

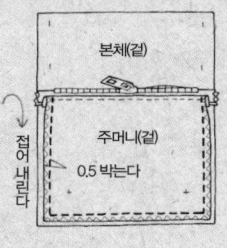

4 본체의 옆선과 바닥을 꿰매고,
바닥의 폭을 꿰맨다.

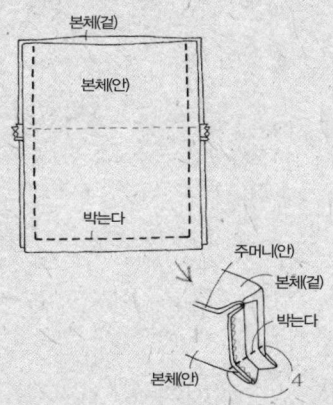

5 가죽끈을 단다.

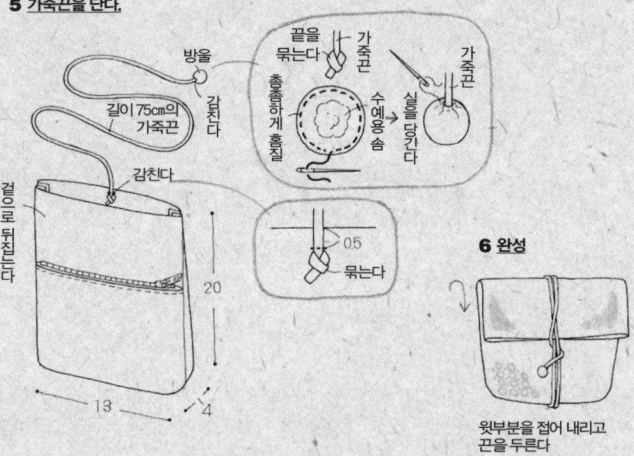

6 완성

윗부분을 접어 내리고
끈을 두른다.

디자인·제작 / 요시모리 가쓰코

카드 케이스 커버 & 카드 케이스

카드를 좀 더 많이 넣을 수 있는 고양이 카드 케이스예요. 주황색 장식이 눈에 쏙 들어오는 감각적인 디자인이랍니다. 시판되는 카드 케이스의 커버를 직접 만들어 보세요. 테리어 강아지를 아플리케로 모양내고, 뒤쪽으로 리드 줄을 수놓았답니다.

02 카드 케이스 커버

◉ 준비물

- 펠트A(노란색) 두께 1mm, 20×15cm
- 펠트B(탁한 황록색) 두께 1mm, 15×15cm
- 펠트C(검은색) 두께 1mm, 5×5cm
- 25번 자수실(빨간색, 탁한 황록색, 검은색) 적당히
- 시판되는 카드 케이스 1개

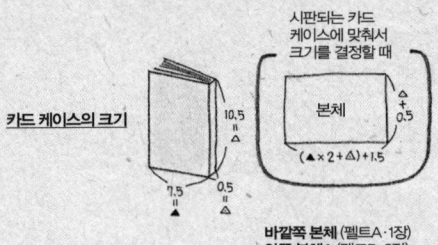

바깥쪽 본체 (펠트A·1장)
안쪽 본체A (펠트B·2장)
안쪽 본체B (펠트B·2장)

◉ 만드는 방법

1 아플리케를 하고 수를 놓는다.

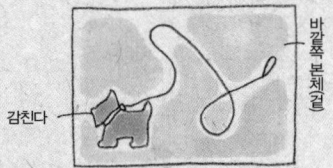

2 바깥쪽 본체와 안쪽 본체를 겹쳐서 바느질한다.

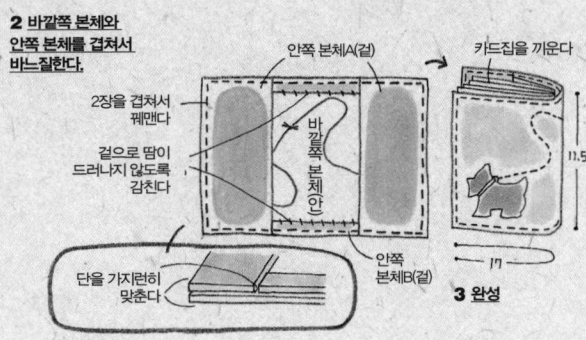

3 완성

*자수 명칭에 붙은 S는 '스티치(stitch)'의 약자입니다.
*감칠 때는 펠트와 색깔이 같은 25번 자수실 1가닥을 사용하세요.
*실물 크기 본은 18페이지에 있습니다.

03 카드 케이스

◉ 준비물

- 펠트A(풀색) 두께 1mm, 15×20cm
- 펠트B(주황색) 두께 1mm, 15×20cm
- 펠트C(검은색) 두께 1mm, 5×5cm
- 펠트D(빨간색) 두께 1mm, 5×5cm
- 펠트E(연두색) 두께 1mm, 5×5cm
- 펠트F(초록색) 두께 1mm, 5×5cm
- 매직테이프 2×2cm
- 25번 자수실(펠트B~F와 똑같은 색 사용) 적당히
- 수예용 접착제 적당히

◉ 만드는방법

1 아플리케를 한다.

2 바닥 폭과 본체를 바느질한다.

☆=바깥쪽, 안쪽, 바닥 폭을 같이 겹쳐놓고 꿰매세요.
★=바깥쪽과 안쪽을 겹쳐놓고 꿰매세요.

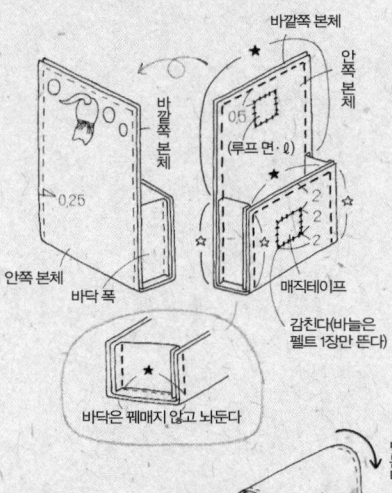

3 완성

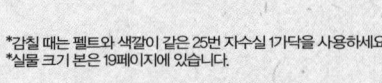

*감칠 때는 펠트와 색깔이 같은 25번 자수실 1가닥을 사용하세요.
*실물 크기 본은 19페이지에 있습니다.

⊙ 실물 크기 본

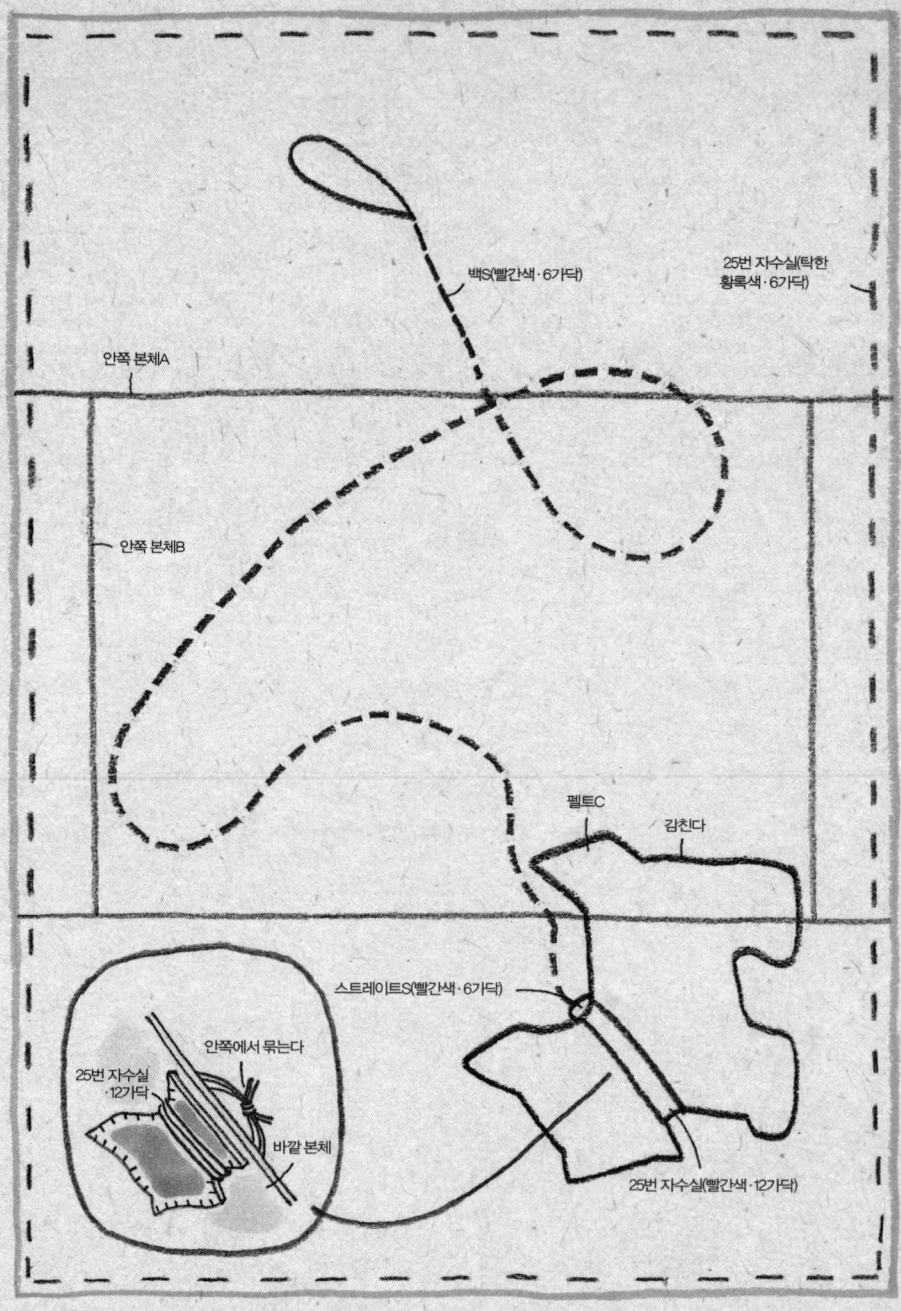

*실물 크기 본에는 시접이 포함되어 있지 않습니다. 시접을 두지 말고 그대로 마름질하세요.

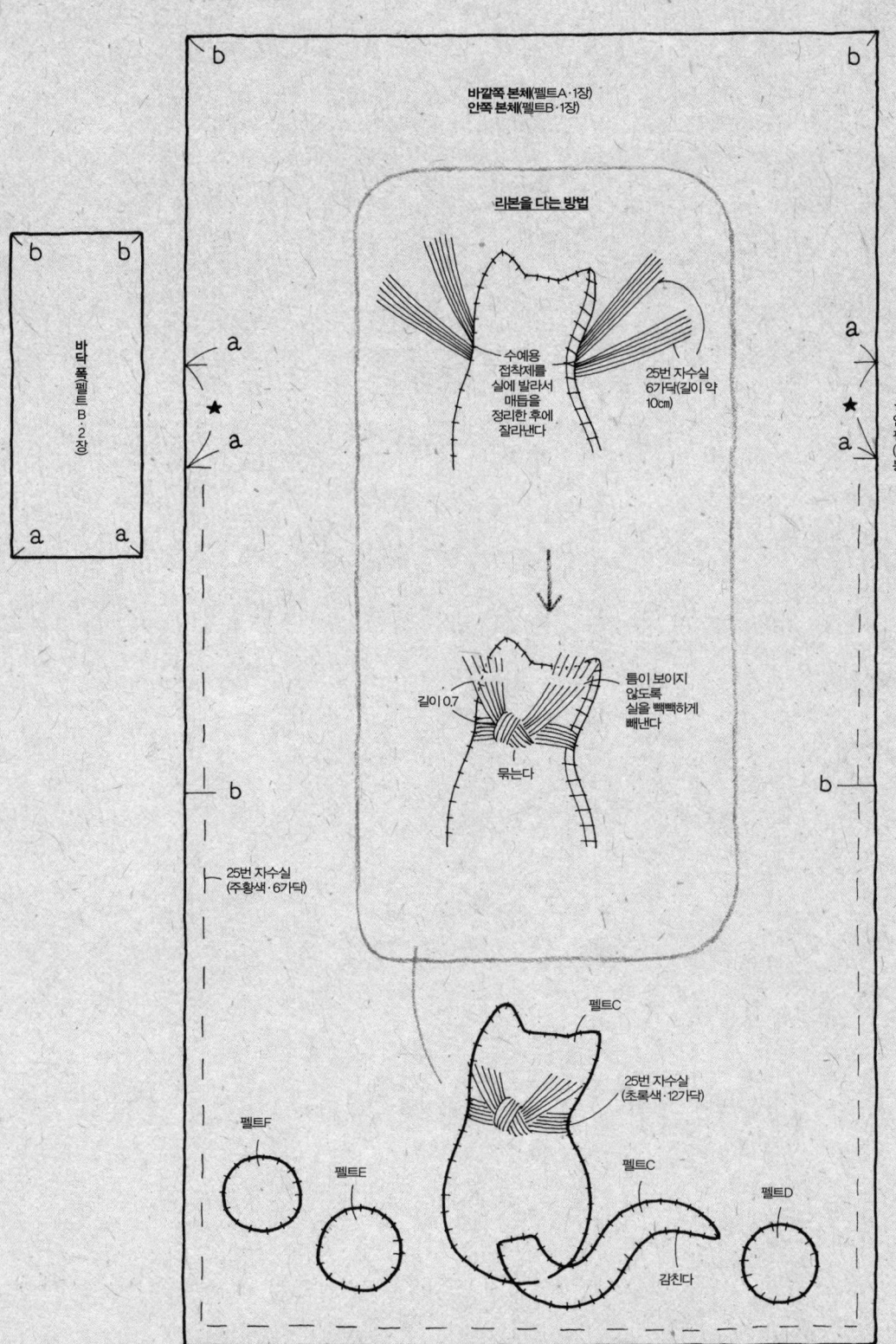

양 파우치는 솜이 들어 있어 푹신해 보여 더욱 귀여워요.
까만 얼굴과 다리는 수를 놓아서 표현했지요.
사용하기 편하도록 지퍼를 달았답니다.
나비 파우치는 나비가 팔랑팔랑 날아다니는 모양을 표현했어요.
크기는 작지만, 파우치 바닥이 넓어 제법 많이 넣을 수 있어요.

양 파우치 & 나비 파우치

04 양 파우치

⊙ 준비물

- 펠트A(회색) 두께 1mm, 20×15cm 2장
- 펠트B(흰색) 두께 1mm, 5×5cm
- A천(면, 물방울무늬) 40×15cm
- 접착심지 40×15cm
- 지퍼 16cm 1개
- 25번 자수실(검은색, 흰색) 적당히
- 수예용 솜 조금

⊙ 만드는 방법

1 다트를 넣고, 수를 놓고서 아플리케를 한다.

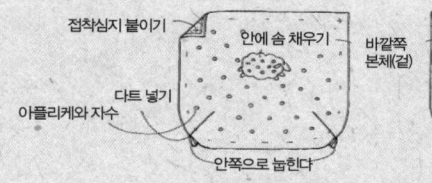 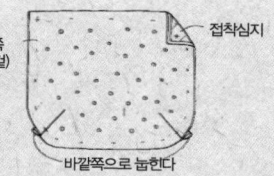

2 지퍼를 단다. **3** 바깥쪽 본체의 둘레를 바느질한다. **4** 안쪽 본체의 둘레를 바느질한다. **5** 안쪽 본체를 넣고서 감친다.

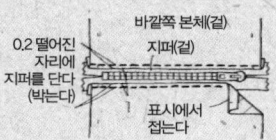 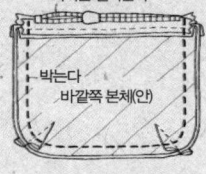 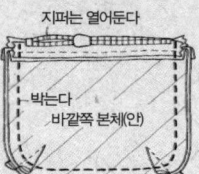 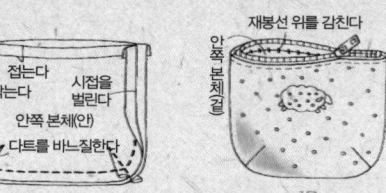

⊙ 실물 크기 본

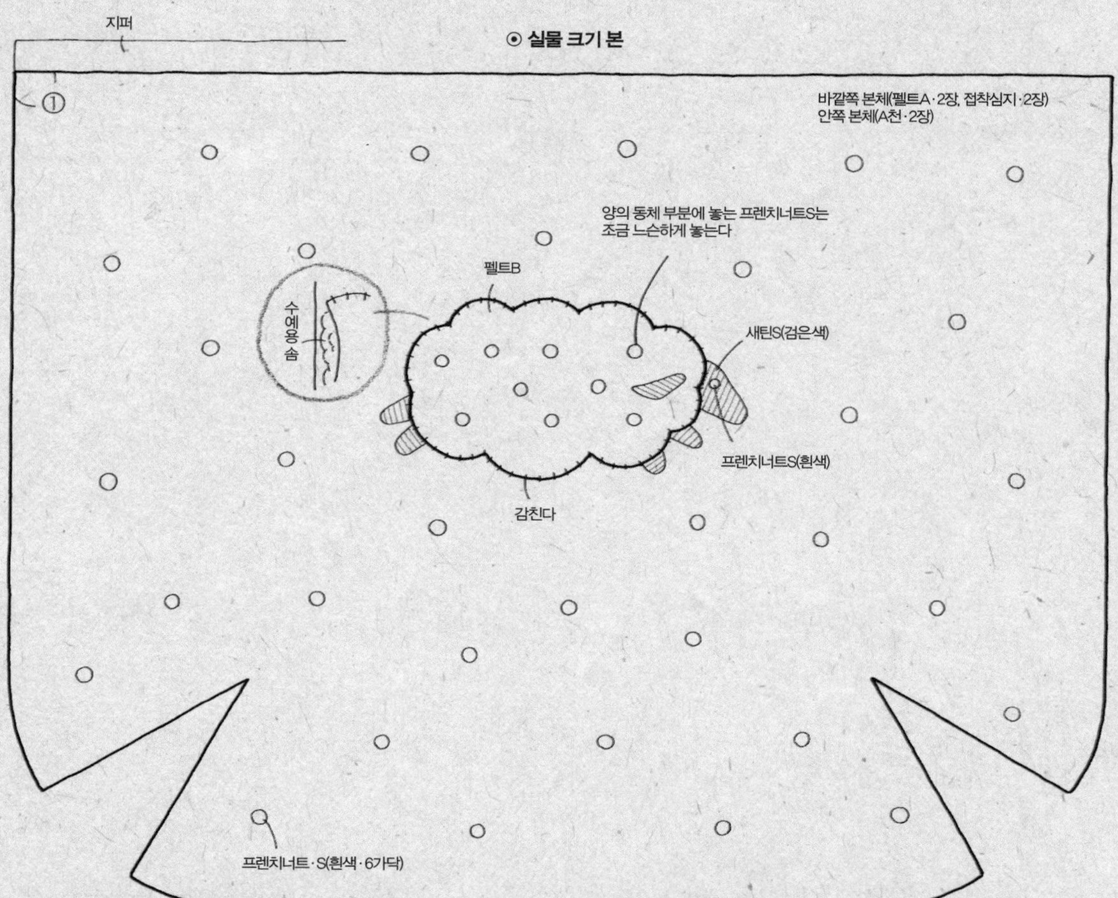

바깥쪽 본체(펠트A·2장, 접착심지·2장)
안쪽 본체(A천·2장)

양의 동체 부분에 놓는 프렌치너트S는 조금 느슨하게 놓는다

펠트B
수예용 솜
새틴S(검은색)
프렌치너트S(흰색)
감친다
프렌치너트·S(흰색·6가닥)

*실물 크기 본에는 시접이 포함되어 있지 않습니다.
원문자가 가리키는 숫자는 시접의 치수입니다. 시접을 지정한 부분 이외에는 시접을 두지 말고 그대로 마름질하세요.

*자수 명칭에 붙은 S는 '스티치(stitch)'의 약자입니다.(단 프렌치너트S는 불규칙하게)
*특별히 지정한 자수실 이외에는 25번 자수실 2가닥을 사용하세요.
*아플리케를 감칠 때는 펠트와 색깔이 같은 25번 자수실 1가닥을 사용하세요.

22/23
LITTLE FELT CRAFTS
CHAPTER 1

05 나비 파우치

◉ 준비물

- 펠트A(흐린 노란색) 두께 1mm, 20×15cm 2장
- 펠트B(노란색) 두께 1mm, 15×10cm
- 펠트C(보라색) 두께 1mm, 5×5cm
- 펠트D(흰색) 두께 1mm, 5×5cm
- A천(면, 물방울무늬) 40×15cm
- 접착심지 45×15cm
- 지퍼 16cm 1개
- 25번 자수실(흰색, 노란색, 보라색, 갈색) 적당히

◉ 만드는 방법

1 아플리케를 하고 수를 놓는다.

2 지퍼를 단다.

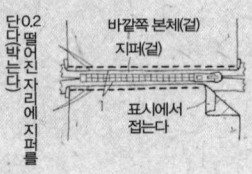

3 바깥쪽 본체의 옆선을 박는다.

4 바깥쪽 본체와 바깥쪽 바닥을 바느질한다.

5 안쪽 본체의 옆선을 바느질한다.

6 안쪽 본체와 안쪽 바닥을 바느질한다.

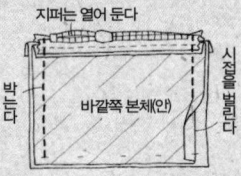
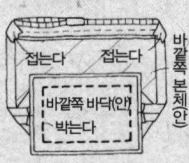
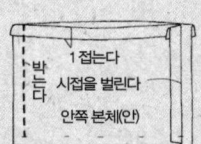

◉ 실물 크기 본

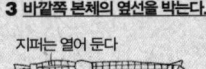

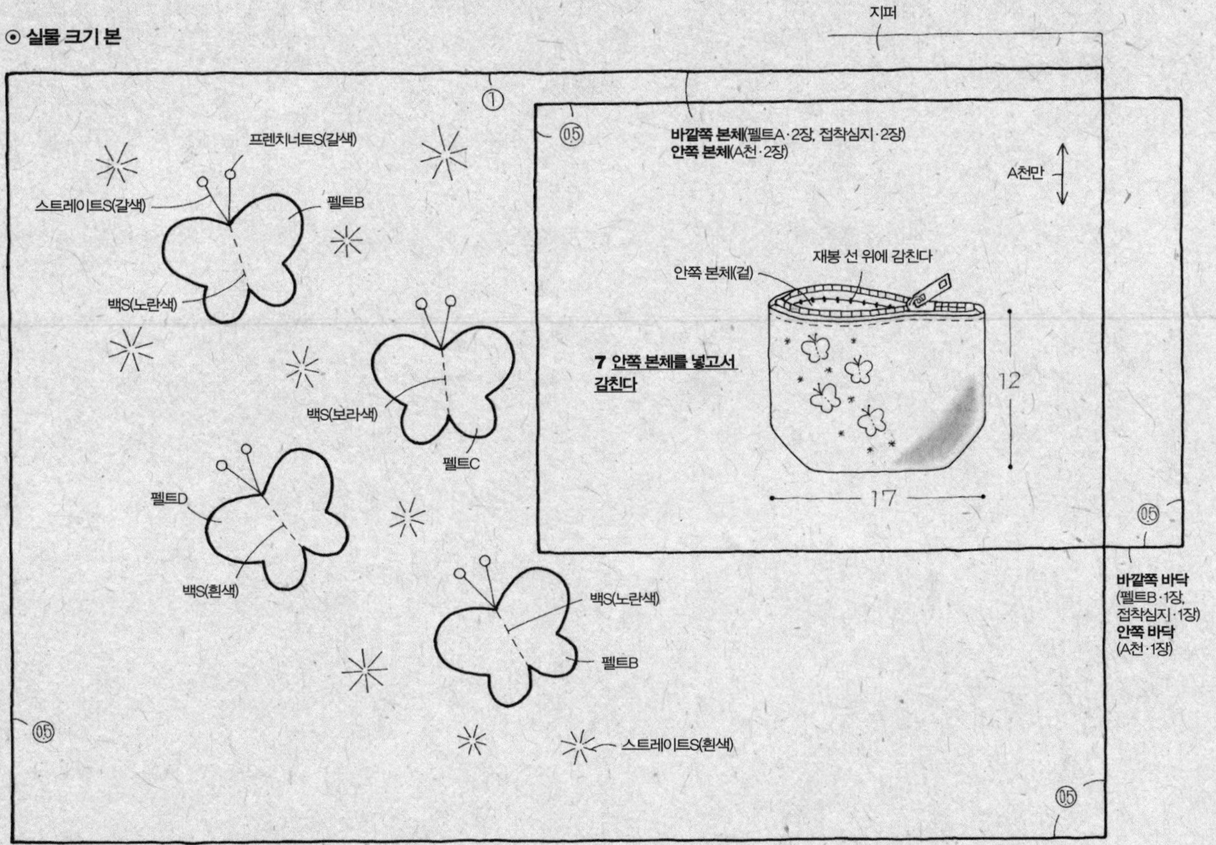

7 안쪽 본체를 넣고서 감친다

바깥쪽 본체(펠트A·2장, 접착심지·2장)
안쪽 본체(A천·2장)

A천만

안쪽 본체(겉)
재봉 선 위에 감친다

12
17

바깥쪽 바닥
(펠트B·1장, 접착심지·1장)
안쪽 바닥
(A천·1장)

프렌치너트S(갈색)
스트레이트S(갈색)
펠트B
백S(노란색)
백S(보라색)
펠트C
펠트D
백S(흰색)
백S(노란색)
펠트B
스트레이트S(흰색)

*마름질하기와 실물 크기 본에는 시접이 포함되어 있지 않습니다. 원문자가 가리키는 숫자는 시접의 치수입니다. 시접을 지정한 부분 이외에는 시접을 두지 말고 그대로 마름질하세요.
*자수 명칭에 붙은 S는 '스티치(stitch)'의 약자입니다.
*특별히 지정한 자수실 이외에는 25번 자수실 2가닥을 사용하세요.

디자인·제작 / 스가노 게이코

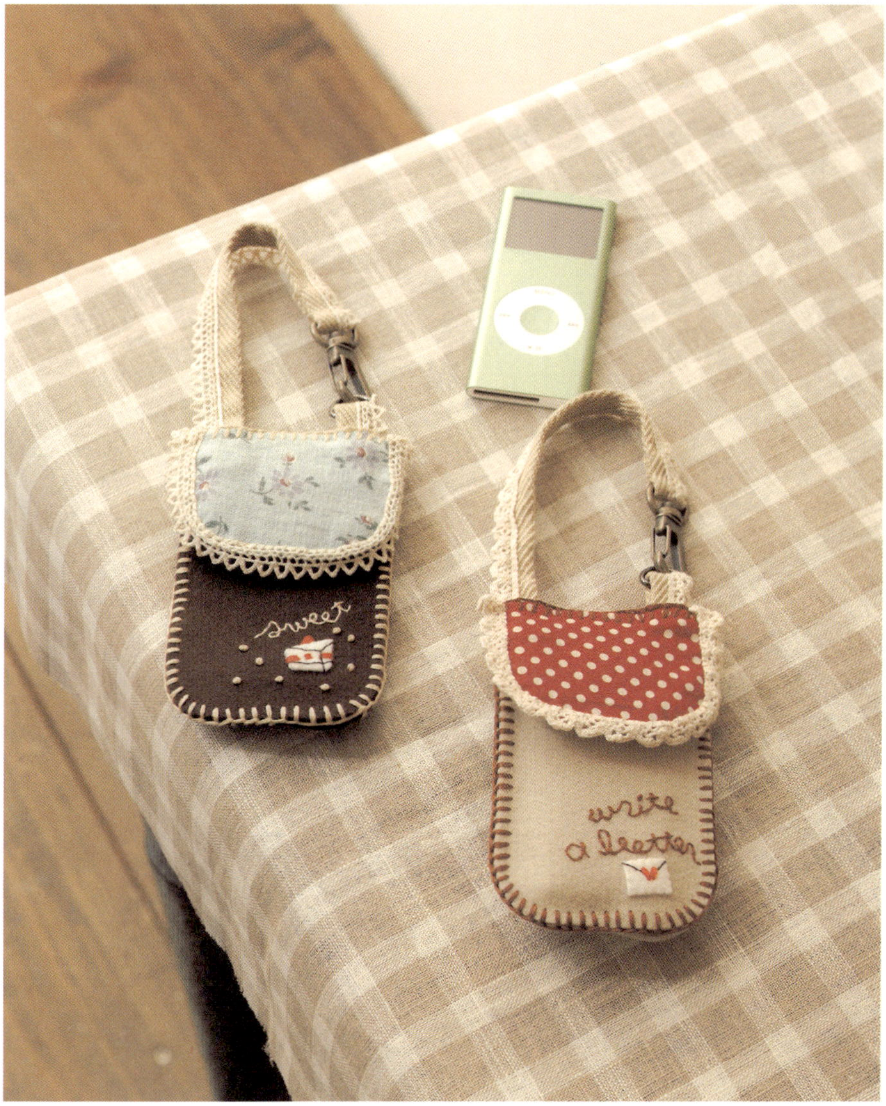

아이팟 나노 케이스

휴대용 음악 기기 아이팟 나노(iPod nano)가 가방 안에서 행방불명되지 않도록 케이스를 만들었어요. 가방 손잡이에 달고 다닐 수도 있답니다. 두께감이 있는 펠트가 디지털 기기를 안전하게 보호해줄 거예요.

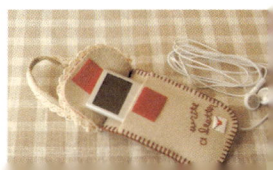

# 24/25
LITTLE FELT CRAFTS
CHAPTER 1

06 아이팟 나노 케이스

◉ 준비물

- 펠트A(**왼쪽** 다갈색, **오른쪽** 흐린 노란색) 두께 1mm, 15×20cm
- 펠트B(흰색) 두께 1mm, 5×5cm
- A천(면, **왼쪽** 꽃무늬, **오른쪽** 물방울무늬) 10×10cm
- 토션 레이스 1cm폭 45cm
- 능직테이프 2cm폭 50cm
- 매직테이프 2×2.5cm
- 연결고리(일명 개고리, 안쪽 치수 12mm) 1개
- 반달고리(안쪽 치수 12mm) 1개
- 똑딱단추 지름 0.8cm 2쌍
- 25번 자수실(**왼쪽** 흐린 노란색, 빨간색, 검은색 / **오른쪽** 갈색, 빨간색, 검은색) 적당히

◉ 실물 크기 본

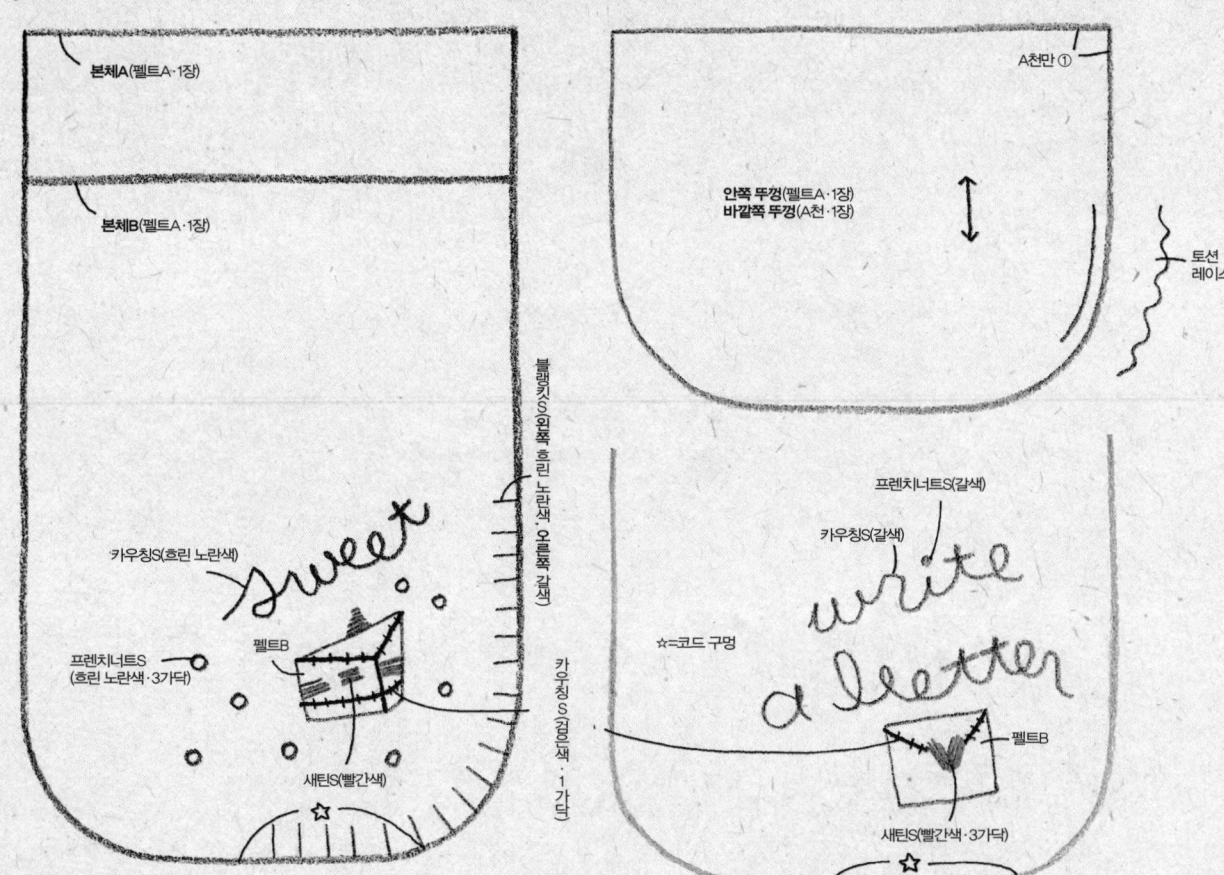

*자수 명칭에 붙은 S는 '스티치(stitch)'의 약자입니다.
*특별히 지정한 자수실 이외에는 25번 자수실 2가닥을 사용하세요.
*감칠 때는 펠트와 색깔이 같은 25번 자수실 1가닥을 사용하세요.
*마름질하기와 실물 크기 본에는 시접이 포함되어 있지 않습니다. 원문자의 숫자는 시접의 치수입니다. 시접을 지정한 부분 이외에는 시접을 두지 말고 그대로 마름질하세요.

● 만드는방법

1 끈, 탭, 이어폰 줄 고정 테이프를 만든다.

- 5(탭) 19(끈)
- 0.2
- 능직테이프를 반으로 접는다
- ①박는다
- 토션 레이스
- 박는다
- 능직테이프의 재봉 선①에 레이스를 단다
- 끈
- 감친다
- 1 접는다
- 연결고리(개고리)
- 탭
- 반으로 접어 반달고리를 꿴다
- 0.5
- 꿰맨다

이어폰 줄 고정 테이프

- 13.5 × 2 능직테이프A(1줄)
- 10.5 × 2 능직테이프B(1줄)
- 0.5 접는다
- 감친다
- 능직테이프A (능직테이프B도 마찬가지)
- 능직테이프B
- 똑딱단추를 단다
- 능직테이프 A
- 겹쳐서 중앙을 시침한다.
- 능직테이프A
- 본체A
- 0.1 박는다
- 박고 나서 시침실을 빼낸다
- 3.5
- 능직테이프B

2 본체를 만든다.

- 아플리케를 하고 수를 놓는다
- 본체A
- 본체B
- 블랭킷S
- 2.5
- 이 사이는 본체B만 블랭킷S(6가닥)
- 뒤쪽에서 본 모양
- 이어폰 줄 구멍은 놔둔다

3 뚜껑을 만든다.

바깥쪽 뚜껑
- 촘촘하게 시침하고서 곡선에 맞게 실을 잡아당긴다
- 뚜껑 모양으로 자른 두꺼운 종이
- 안쪽 뚜껑(안)
- 두꺼운 종이는 빼낸다
- 접는다
- 바깥쪽 뚜껑(겉)
- 안쪽 뚜껑(안)
- 끈과 탭을 끼우고 바깥쪽 뚜껑과 안쪽 뚜껑을 겹친다
- 윗부분을 맞대어 감친다
- 바깥쪽 뚜껑(겉)
- 0.2 꿰맨다
- 0.2 겹친다
- 0.5 접어서 감친다
- 토션 레이스

안쪽 뚜껑
- 끈
- 탭
- 박음질
- 0.5 0.5
- 안쪽 뚜껑(안)

4 본체에 뚜껑을 단다.

- 블랭킷S (6가닥)로 본체 윗부분에 뚜껑을 단다
- 본체A와 뚜껑의 가장자리를 맞춘다
- 본체A
- 매직테이프를 감친다
- 0.5 × 2
- 2.5
- 안쪽 뚜껑(겉)
- 0.5 × 2
- 2.5
- 11
- 6.5

26/27
LITTLE FELT CRAFTS
CHAPTER 1

디자인·제작 / Nunomushi

책갈피

빨간 버섯과 작은 새가 참 깜찍해 보이는 책갈피예요. 클립을 책에 끼워서 사용하면 된답니다.

87 버섯 장식 책갈피
88 새 장식 책갈피

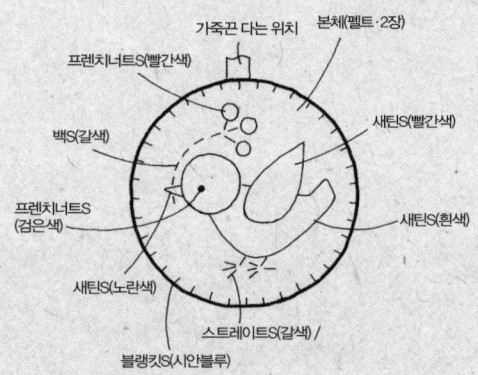

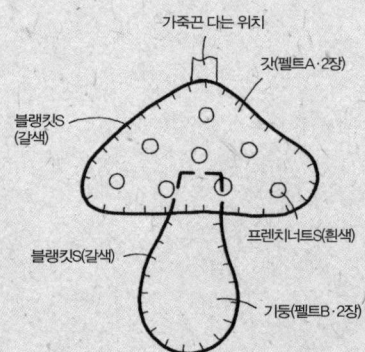

◉ 준비물

버섯장식 책갈피
- 펠트A(빨간색) 두께 1mm, 5×5cm
- 펠트B(갈색) 두께 1mm, 5×5cm
- 25번 자수실(빨간색, 흰색, 갈색) 적당히
- 가죽끈 0.3cm폭 25cm
- 나무 비즈(구멍 크기 2mm) 6mm 1개
- 클립 1개

새 장식 책갈피
- 펠트(시안블루) 두께 1mm, 10×5cm
- 25번 자수실(빨간색, 흰색, 갈색, 노란색, 시안블루) 적당히
- 가죽끈 0.3cm폭 25cm
- 나무 비즈(구멍 크기 2mm) 6mm 1개
- 클립 1개

◉ 실물 크기 본

*자수 명칭에 붙은 S는 '스티치(stitch)'의 약자입니다.
*특별히 지정한 자수실 이외에는 25번 자수실 2가닥을 사용하세요.
*실물 크기 본은 시접을 두지 말고 그대로 마름질하세요.

◉ 만드는 방법

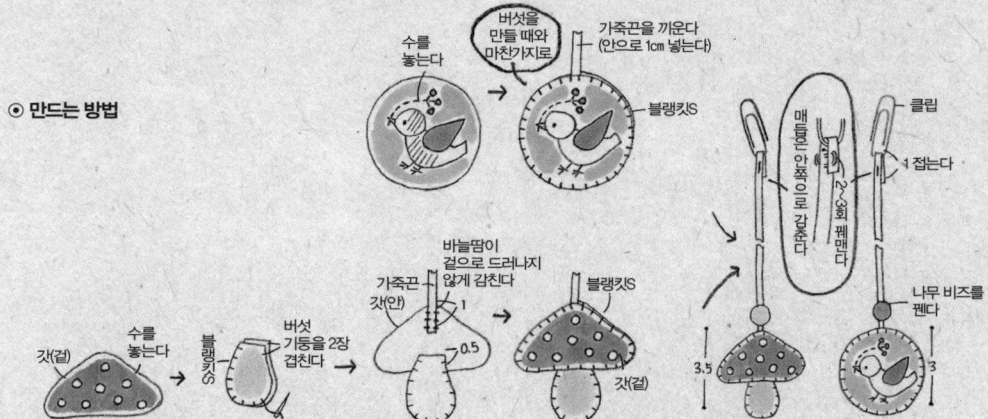

28/29
LITTLE FELT CRAFTS
CHAPTER 1

디자인·제작 / Nunomushi

필통

깜찍하고 귀여운 필통이에요.
위 작품은 빨간색과 흰색의
펠트를 조합한 꽃무늬
필통입니다. 가죽으로 뚜껑을
달아 깜찍함에 고급스러움을
더했답니다. 아래 작품은
지퍼로 여닫는 간결한
필통이에요. 둥글게 자른
펠트는 하얀 자수실로
가운데만 고정해 주었습니다.
수를 놓은 빨간색 새가
이 필통의 포인트예요.

09 꽃무늬 필통

◉ 준비물

- 펠트A(빨간색) 두께 1mm, 20×20cm
- 펠트B(흰색) 두께 1mm, 10×15cm
- 가죽 10×10cm
- 가시도트 단추(일명 똑딱단추) 지름 1cm 1쌍
- 5번 자수실(흰색, 갈색) 적당히

*5번 자수실이 없으면 25번 자수실을 사용하세요.
*자수 명칭에 붙은 S는 '스티치(stitch)'의 약자입니다.
*자수실은 5번 자수실 1가닥(또는 25번 자수실 2~3가닥)을 사용하세요.

◉ 실물 크기 본

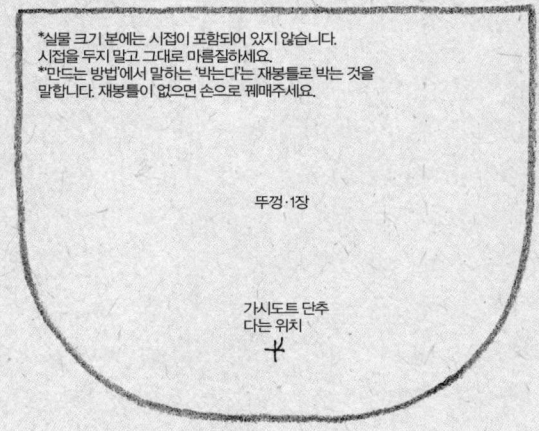

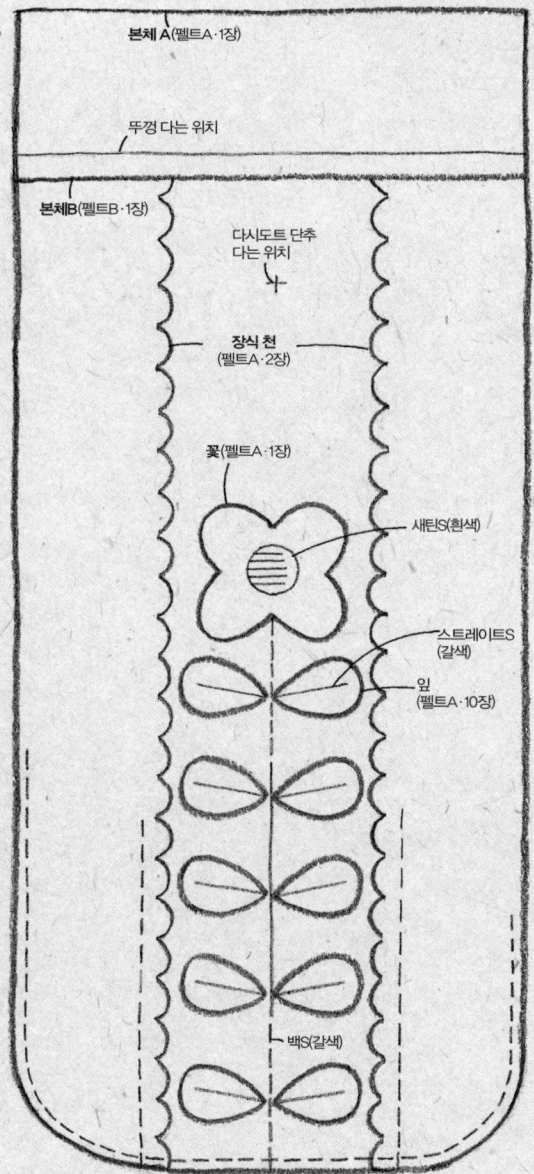

◉ 만드는 방법

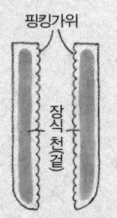

1 장식 천의 가장자리를 핑킹가위로 자른다.

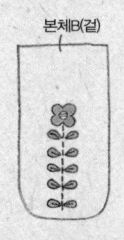

2 본체B에 아플리케를 하고 수를 놓는다.

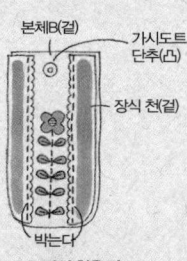

3 장식 천을 달고, 가시도트 단추를 단다.

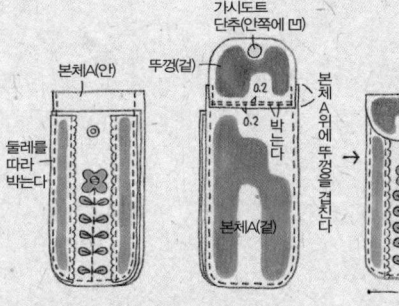

4 본체A를 겹쳐놓고 바느질한다.

5 뚜껑을 단다.

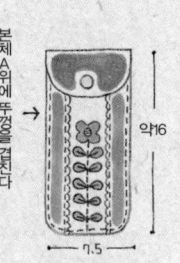

6 완성

30/31
LITTLE FELT CRAFTS
CHAPTER 1

10 빨간새 필통

⊙ 준비물

- 펠트A(회색) 두께 1mm, 20×10cm
- 펠트B(다갈색) 두께 1mm, 20×10cm
- 펠트C(흰색) 두께 1mm, 5×5cm
- 펠트D(노란색) 두께 1mm, 5×5cm
- 25번 자수실(흰색, 노란색, 로즈, 다갈색) 적당히
- 지퍼 18cm 1개

⊙ 만드는 방법

1 수를 놓는다.

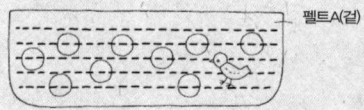

2 지퍼를 단다.

3 반을 접어서 옆선과 바닥을 바느질한다.

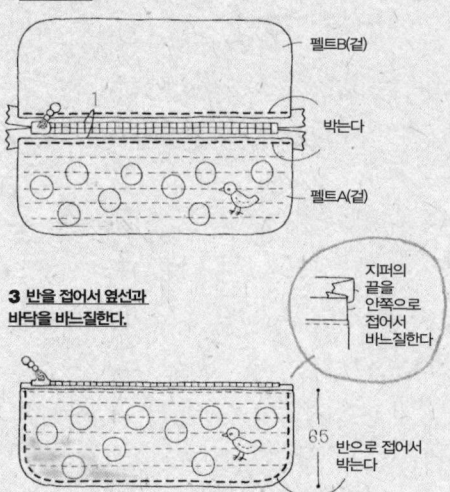

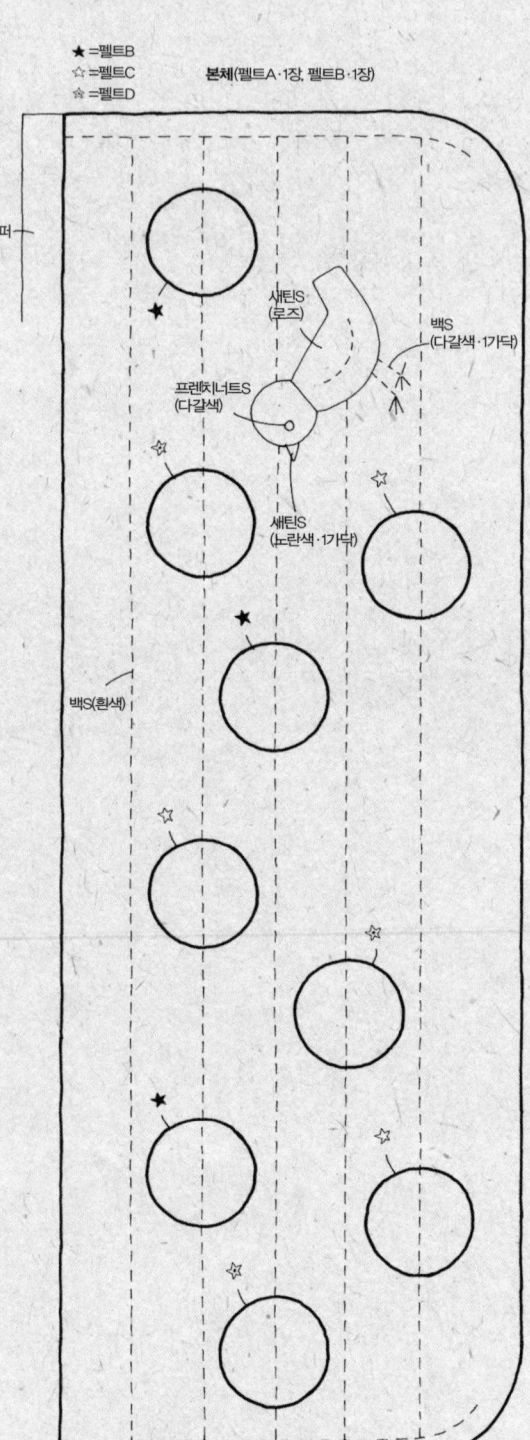

⊙ 실물 크기 본

★ =펠트B
☆ =펠트C
✩ =펠트D

본체(펠트A·1장, 펠트B·1장)

*자수 명칭에 붙은 S는 '스티치(stitch)'의 약자입니다.
*특별히 지정한 자수실 이외에는 25번 자수실 2가닥을 사용하세요.
*실물 크기 본은 시접을 두지 말고 그대로 마름질하세요.

키 케이스

디자인·제작 / 우라베 히로코

가지고 다니면 어쩐지 좋은 일이 생길 것만 같은, 네 잎 클로버 장식의 키 케이스예요. 쓰기도 참 편리해요.
끈의 한쪽 끝에 열쇠를 달아 잡아당기면 케이스 안으로 쏙 들어가지요.

32/33
LITTLE FELT CRAFTS.
CHAPTER 1

⊙ 만드는 방법

1 수를 놓고 아플리케를 한다.

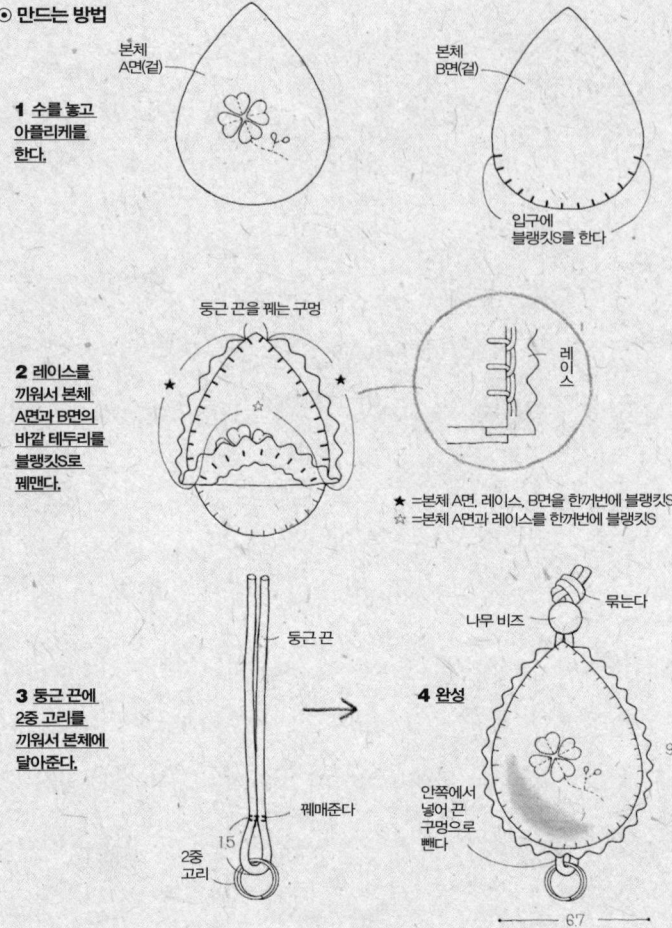

2 레이스를 끼워서 본체 A면과 B면의 바깥 테두리를 블랭킷S로 꿰맨다.

3 둥근 끈에 2중 고리를 끼워서 본체에 달아준다.

4 완성

11 네잎클로버 키 케이스

⊙ 준비물

- 펠트A(흐린 노란색) 두께 1mm, 15×10cm
- 펠트B(초록색) 두께 1mm, 5×5cm
- 25번 자수실(흐린 노란색, 초록색, 연두색, 노란색) 적당히
- 2중 고리(안쪽 지름 1.5cm) 1개
- 토션 레이스 1cm폭 30cm
- 둥근 끈 굵기 약 0.3cm에 길이 40cm
- 나무 비즈(구멍 크기 약 5mm) 12mm 1개

⊙ 실물 크기 본

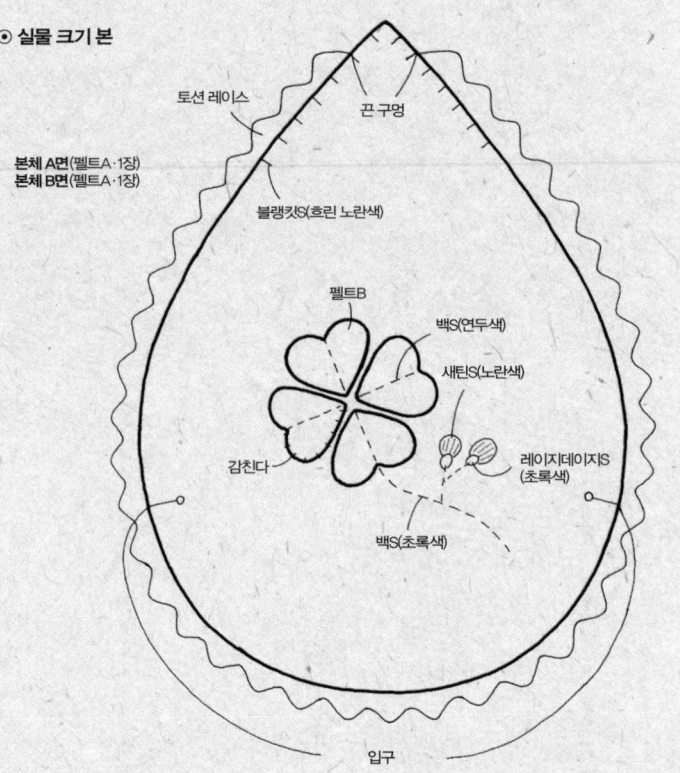

본체 A면(펠트A·1장)
본체 B면(펠트A·1장)

*자수 명칭에 붙은 S는 '스티치(stitch)'의 약자입니다.
*특별히 지정한 자수실 이외에는 25번 자수실 2가닥을 사용하세요.
*감칠 때는 펠트와 색깔이 같은 25번 자수실 1가닥을 사용하세요.
*실물 크기 본은 시접을 두지 말고 그대로 마름질하세요.

12 체크무늬 키 케이스

◎ 준비물

- 펠트A(초록색) 두께 1mm, 20×10cm
- 펠트B(회색) 두께 1mm, 20×10cm
- 펠트C(오프화이트) 두께 1mm, 5×5cm
- 펠트D(흐린 노란색) 두께 1mm, 5×5cm
- 25번 자수실(흐린 노란색, 오프화이트, 밝은 빨간색, 초록색) 적당히
- 2중 고리(안쪽 지름 1.5cm) 3개
- 그로그랭 리본 0.7cm폭 10cm
- 둥근 끈 굵기 약 0.3cm에 길이 30cm
- 자석 단추 1cm 1쌍

*자수 명칭에 붙은 S는 '스티치(stitch)'의 약자입니다.
*특별히 지정한 자수실 이외에는 25번 자수실 2가닥을 사용하세요.
*감칠 때는 펠트와 색깔이 같은 25번 자수실 1가닥을 사용하세요.

◎ 만드는 방법

1 수를 놓고 아플리케를 한다.

2 탭을 만들어 단다.

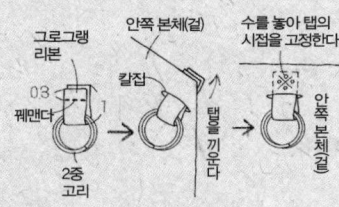

3 안쪽과 바깥쪽 본체를 맞대고 윤곽선을 따라 블랭킷 스티치를 한다.

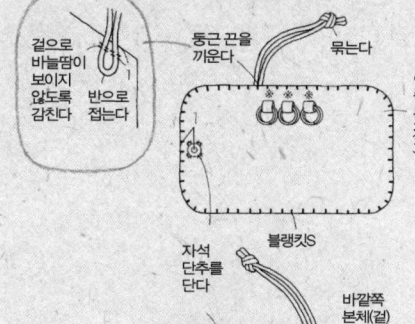

4 완성

◎ 실물 크기 본

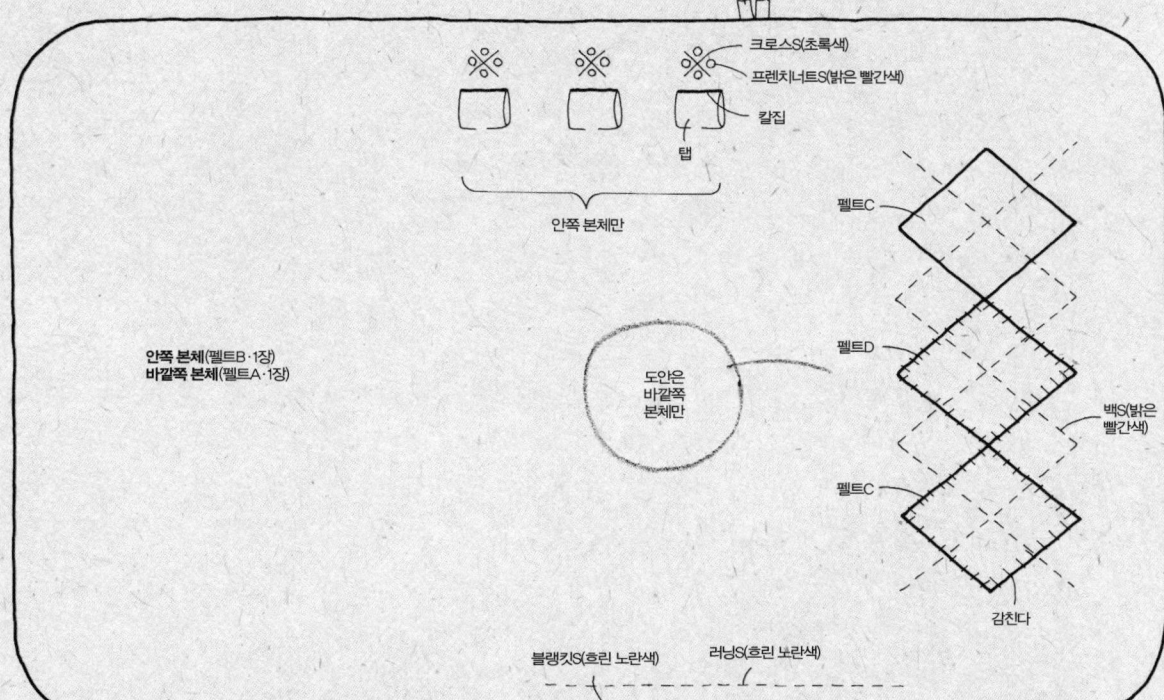

*실물 크기 본은 시접을 두지 말고 그대로 마름질하세요.

디자인·제작 / Nunomushi

북 커버

카페나 전철 안에서 시선을 한몸에 받을 것만 같은, 꽃과 토끼로 장식한
북 커버예요. 독서가 더 즐거워지겠지요?

13 꽃 북 커버

◉ 준비물

- 펠트A(분홍색) 두께 1mm, 40×20cm
- 펠트B(흰색) 두께 1mm, 5×5cm
- 5번 자수실(흐린 노란색) 적당히
- 25번 자수실(흰색, 노란색, 어두운 남색) 적당히
- 면 레이스 1cm폭 20cm
- 가죽끈 0.3cm폭 25cm

◉ 실물 크기 도안

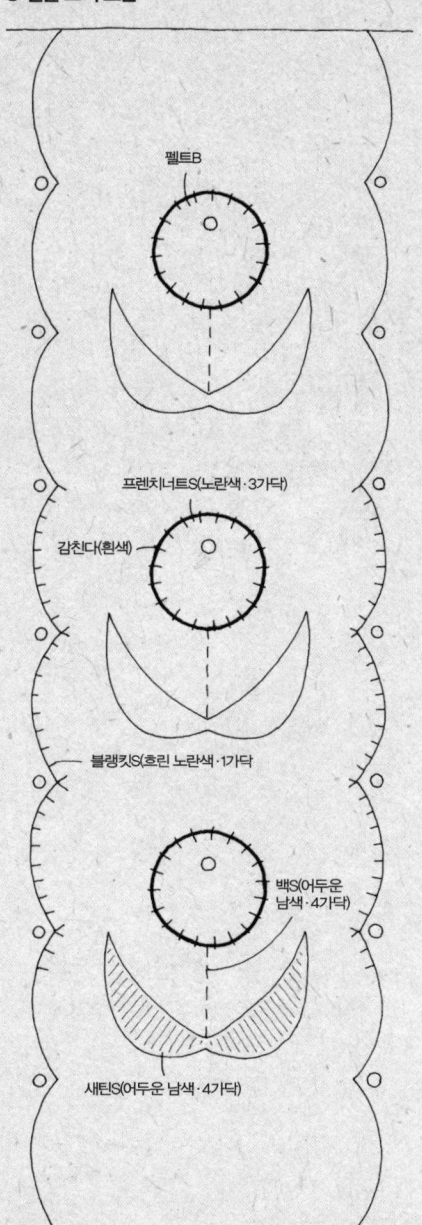

◉ 만드는 방법

마름질하기

본체(펠트A·1장)

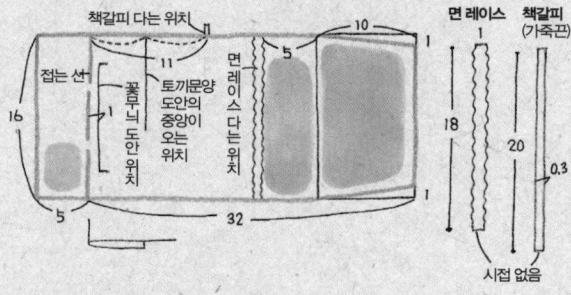

1 수를 놓는다.

2 책 끼우는 자리를 접고, 면 레이스를 달고서 위아래를 바느질한다.

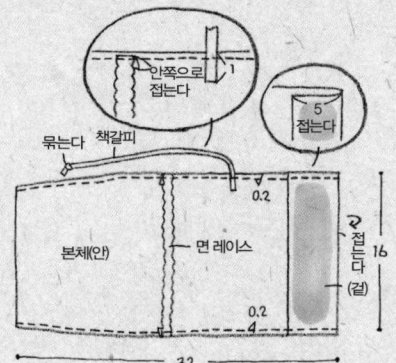

*마름질하기와 실물 크기 본에는 시접이 포함되어 있지 않습니다. 시접을 두지 말고 그대로 마름질하세요.
*자수 명칭에 붙은 S는 '스티치(stitch)'의 약자입니다.
*특별히 지정한 자수실 이외에는 25번 자수실 2가닥을 사용하세요.

36/37
LITTLE FELT CRAFTS
CHAPTER 1

⊙ 준비물

- 펠트A(짙은 초록색) 두께 1mm, 40×20cm
- 펠트B(연두색) 두께 1mm, 5×5cm
- 25번 자수실(흰색, 갈색, 연두색) 적당히
- 면 레이스 1cm폭 20cm
- 가죽끈 0.3cm폭 25cm
- 둥글고 작은 비즈(초록색) 8개

14 토끼 북 커버

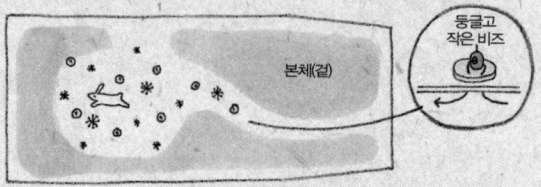

⊙ 실물 크기 도안

*자수 명칭에 붙은 S는 '스티치(stitch)'의 약자입니다.
*특별히 지정한 자수실 이외에는 25번 자수실 2가닥을 사용하세요.

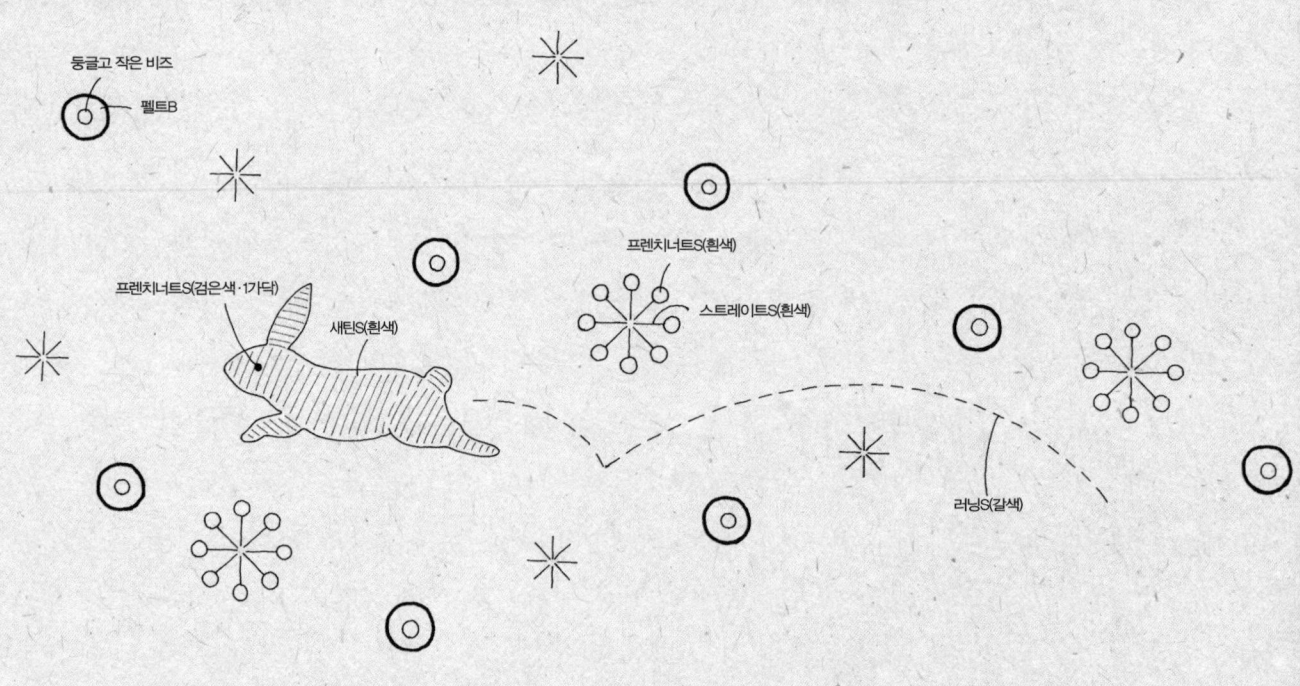

디자인·제작 / powa★powa★

미니 토드백

꽃으로 장식한 귀여운 가방이에요. 크기는 작지만 바닥이 있어 수납 공간이 넉넉하답니다.

15 미니 토드백

⊙ 만드는 방법

마름질하기

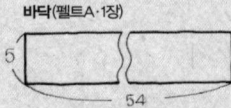
바닥(펠트A·1장)

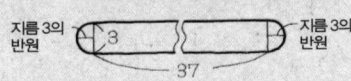
손잡이(펠트A·2장, 펠트B·2장)

1 아플리케를 한다.

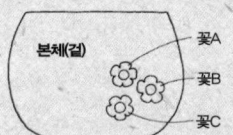
본체(겉) — 꽃A, 꽃B, 꽃C

2 본체와 바닥을 바느질한다.

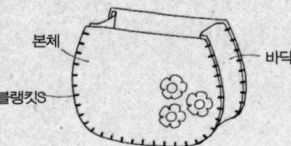
본체, 바닥, 블랭킷S

3 입구에 레이스를 단다.

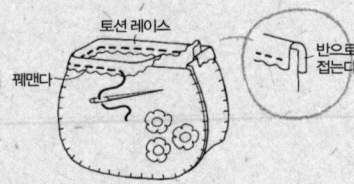
토션 레이스, 꿰맨다, 반으로 접는다

4 손잡이를 만들어 단다.

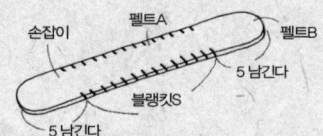
손잡이, 펠트A, 펠트B, 5 남긴다, 블랭킷S, 5 남긴다

5 완성

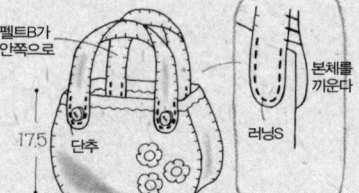
펠트B가 안쪽으로, 단추, 17.5, 24, 5, 러닝S, 본체를 끼운다

⊙ 준비물

- 펠트A(연두색) 두께 2mm, 40×55cm
- 펠트B(탁한 갈색) 두께 2mm, 10×40cm
- 펠트C(로즈) 두께 1mm, 5×5cm
- 펠트D(로즈그레이) 두께 1mm, 5×5cm
- 펠트E(와인레드) 두께 1mm, 5×5cm
- 토션 레이스 3cm폭 55cm
- 단추 1.5cm 4개
- 25번 자수실(연두색, 로즈, 로즈그레이, 와인레드) 적당히

*마름질하기와 실물 크기 본은 시접을 두지 말고 그대로 마름질하세요.

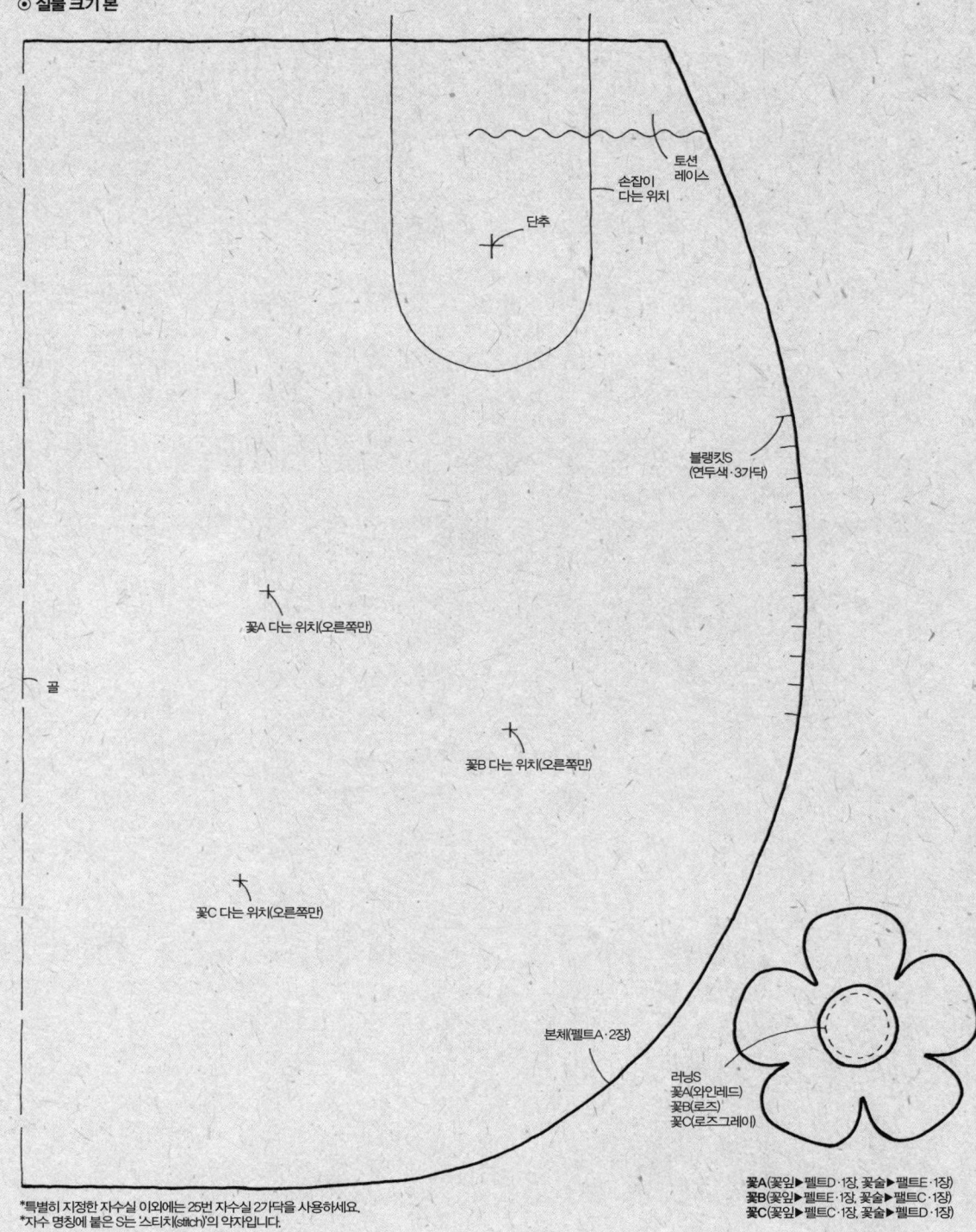

40/41
LITTLE FELT CRAFTS
CHAPTER 1

입구에 주름을 잡아
풍성하면서도 동글동글한
귀여운 파우치예요.
위의 파우치에는 요요 퀼트로
만든 꽃을, 아래 파우치에는
단추로 만든 꽃 화분을
달아줬어요.

동글동글 파우치

디자인·제작 / 요시자와 미즈호

⊙ 만드는 방법

1 아플리케를 하고 수를 놓는다.

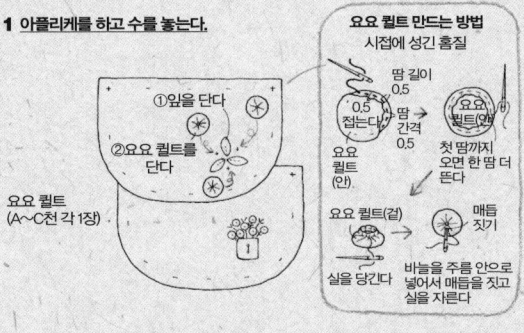

2 둘레를 꿰맨다(안쪽 본체도 마찬가지로 꿰맨다).

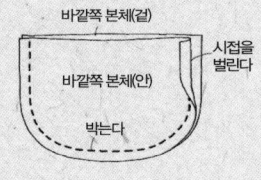

3 바깥쪽 본체 안에 안쪽 본체를 넣고 입구를 성기게 꿰맨다.

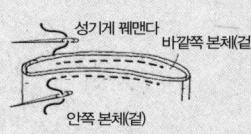

4 입구에 주름을 잡고 바이어스감으로 감싼다.

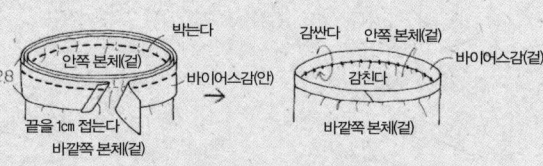

5 지퍼를 단다.

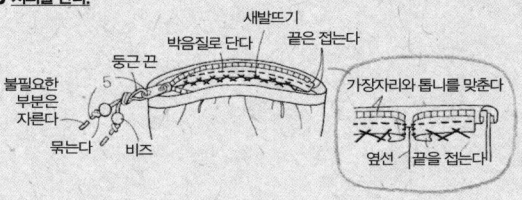

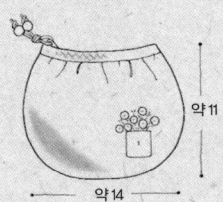

16 동글동글 파우치

⊙ 준비물

- 펠트A(위 갈색, 아래 흐린 갈색) 두께 1mm, 20×30cm
- 펠트B(위만 모스그린) 두께 1mm, 5×5cm
- A천(면, 격자무늬) 25×25cm
- B천(면, 프린트무늬) 20×30cm
- C~E천(위만 면, 프린트무늬) 5×5cm
- 가죽끈(합성피혁) 굵기 약 0.2cm에 길이 15cm
- 나무 비즈(구멍 크기 2mm) 6mm 2개
- 지퍼 10cm 1개
- 25번 자수실(모스그린) 적당히
- 단추A(아래만) 지름 0.7cm 7개
- 단추B(아래만) 화분 모양 약 2.2×2.2 1개

*바이어스감(A천)은 2.8cm폭으로 바이어스재단하세요.
*실물크기 본은 42페이지에 있습니다.

42/43
LITTLE FELT CRAFTS
CHAPTER 1

◉ 실물 크기 본

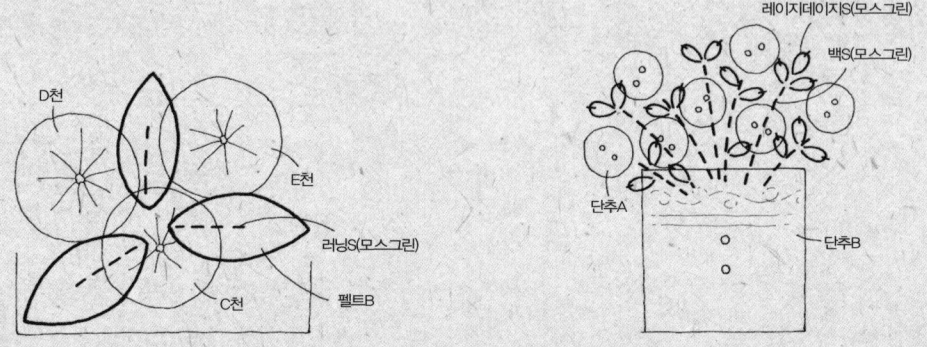

11까지 주름을 잡는다

바이어스

바깥쪽 본체(펠트A·2장)
안쪽 본체(B천·2장)

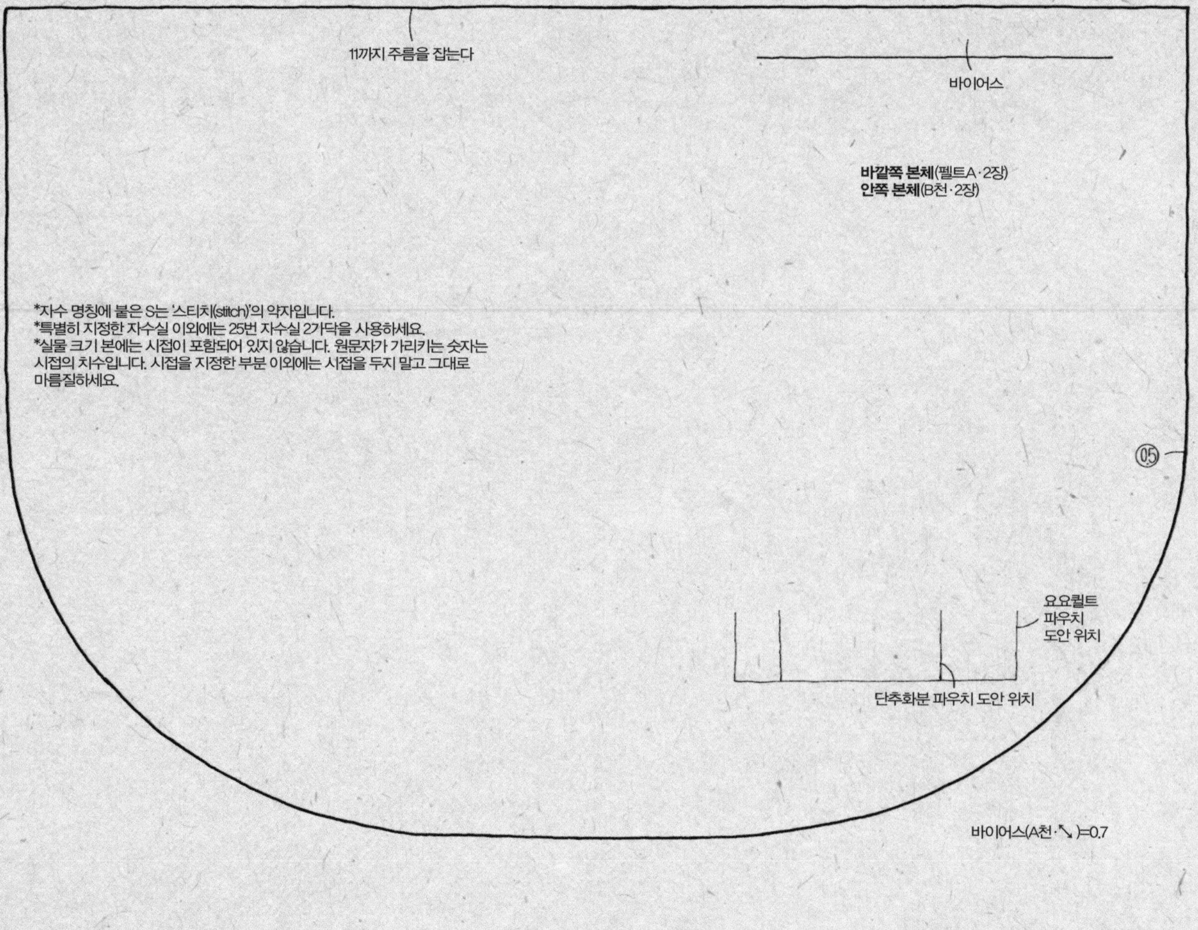

*자수 명칭에 붙은 S는 '스티치(stitch)'의 약자입니다.
*특별히 지정한 자수실 이외에는 25번 자수실 2가닥을 사용하세요.
*실물 크기 본에는 시접이 포함되어 있지 않습니다. 원문자가 가리키는 숫자는
 시접의 치수입니다. 시접을 지정한 부분 이외에는 시접을 두지 말고 그대로
 마름질하세요.

⑤

요요퀼트
파우치
도안 위치

단추화분 파우치 도안 위치

바이어스(A천·↘)=0.7

디자인·제작 / powa★powa★

마스코트

강아지와 토끼 마스코트로 가방을 장식해 보세요.
늘 들고 다녀서 좀 지루했던 가방이 새롭게 변신할 거예요.

44/45
LITTLE FELT CRAFTS
CHAPTER 1

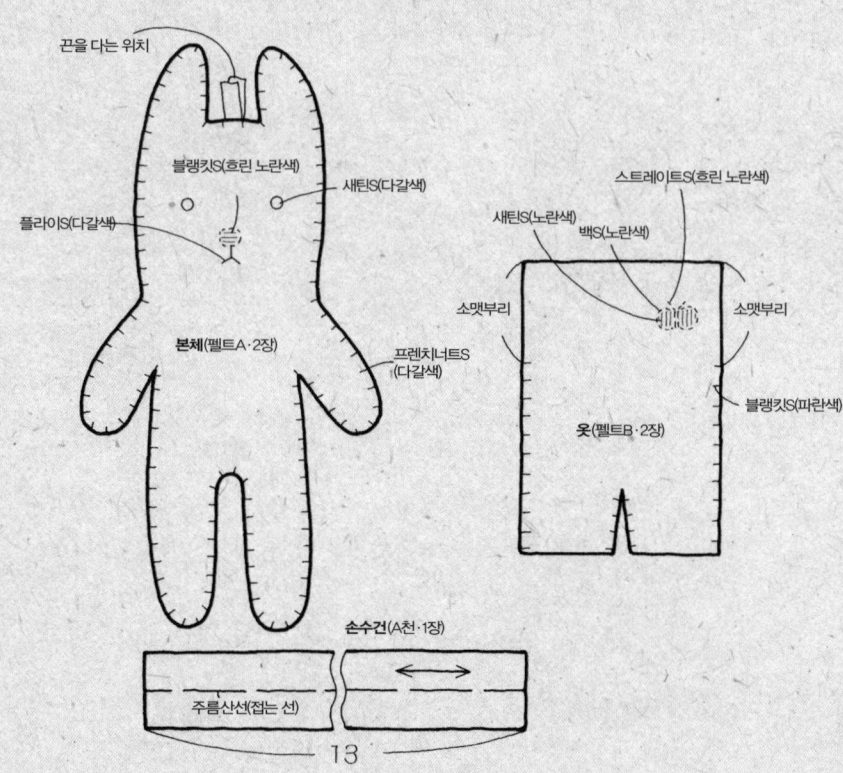

◉ 실물 크기 본

17 강아지 마스코트

◉ 만드는 방법

◉ 준비물

- 펠트A(흐린 노란색) 두께 1mm, 10×10cm
- 펠트B(파란색) 두께 1mm, 10×5cm
- A천(면, 격자무늬) 5×15cm
- 25번 자수실(다갈색, 노란색, 흐린 노란색, 파란색) 적당히
- 수예용 솜 조금
- 합성피혁 끈 약 0.3cm 폭 30cm
- 수예용 접착제 적당히

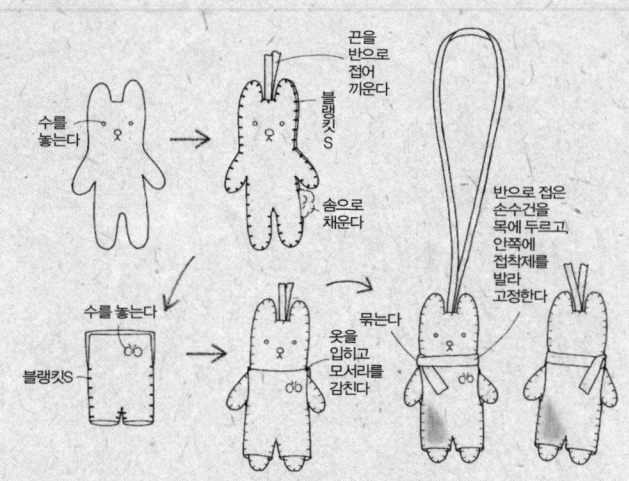

*자수 명칭에 붙은 S는 '스티치(stitch)'의 약자입니다.
*특별히 지정한 자수실 이외에는 25번 자수실 2가닥을 사용하세요.
*실물 크기 본은 시접을 두지 말고 그대로 마름질하세요.

18 토끼 마스코트

◉ 준비물

- 펠트A(오프화이트) 두께 1mm, 10×10cm
- 펠트B(스모키핑크) 두께 1mm, 10×5cm
- A천(면, 격자무늬) 5×10cm
- 25번 자수실(다갈색, 노란색, 녹갈색, 오프화이트, 분홍색) 적당히
- 수예용 솜 조금
- 합성피혁 끈 약 0.3cm 폭 30cm
- 수예용 접착제 적당히

◉ 실물 크기 본

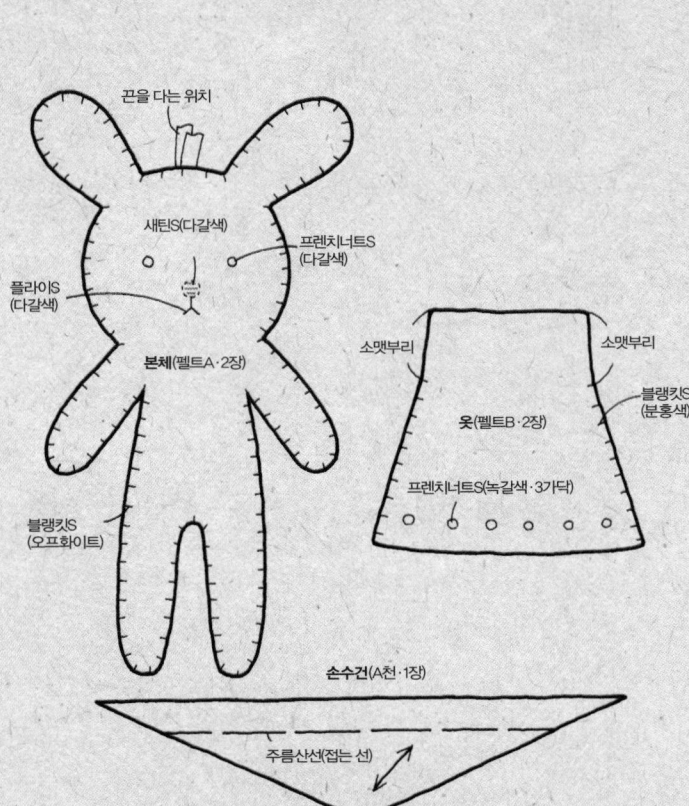

◉ 만드는 방법

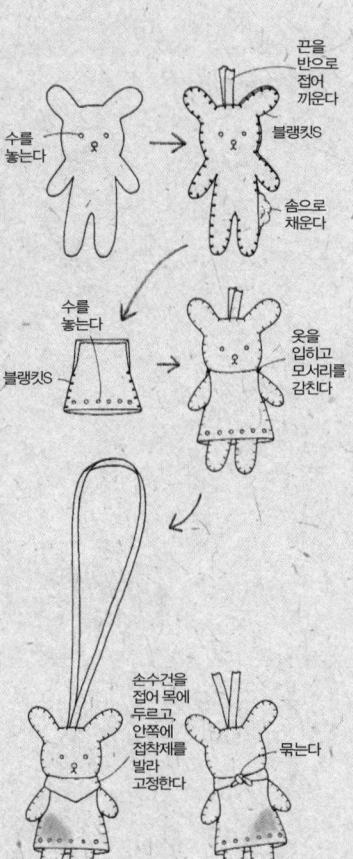

티슈 케이스

천과 펠트를 겹쳐서 만든 티슈 케이스에요. 도려낸 펠트 사이로 천의 무늬가 드러나 아주 감각적이랍니다.

19 티슈 케이스

◉ 준비물

- 펠트(흰색, 회색) 두께 1mm, 15×25cm
- A천(면, 격자무늬) 15×25cm
- 레이스(능직레이스, 토션 레이스) 1cm폭 15cm
- 25번 자수실(분홍색, 회색) 적당히

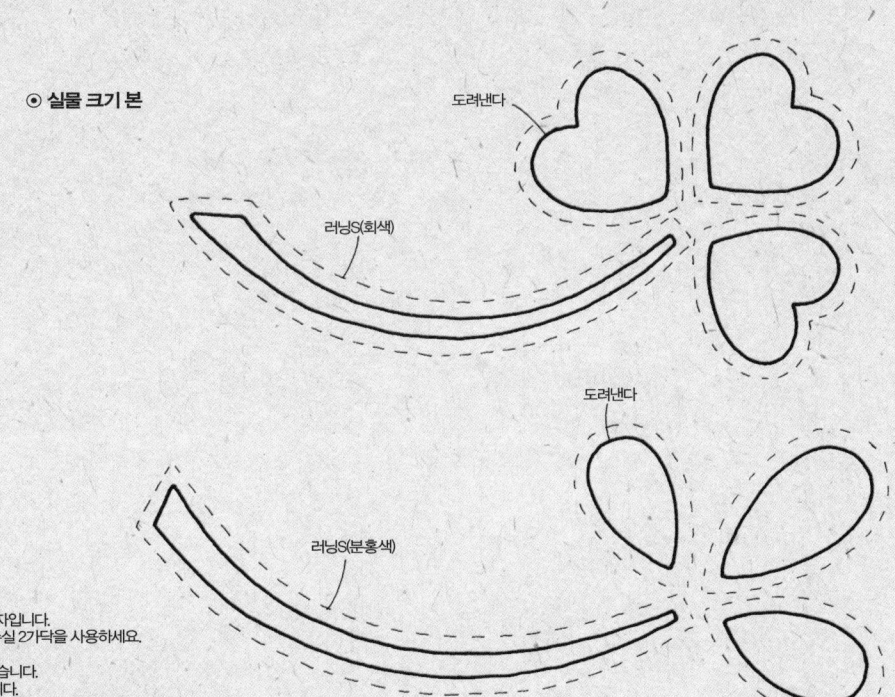

◉ 만드는 방법

마름질하기

1 도안을 도려낸다.
2 바깥쪽 본체와 안쪽 본체를 박는다.
3 도안의 둘레에 수를 놓고, 입구에 레이스를 단다.
4 본체를 접어 양쪽 옆을 박는다.
5 네 귀퉁이를 박는다.
6 겉으로 뒤집는다.

◉ 실물 크기 본

*자수 명칭에 붙은 S는 '스티치(stitch)'의 약자입니다.
*특별히 지정한 자수실 이외에는 25번 자수실 2가닥을 사용하세요.
*마름질하기에는 시접이 포함되어 있지 않습니다.
 원문자가 가리키는 숫자는 시접의 치수입니다.
 시접을 지정한 부분 이외에는 시접을 두지 말고 그대로 마름질하세요.

디자인·제작 / 도리우 미유키

휴대전화 케이스

단추에 건 고리를 풀어서 가방 손잡이에 달 수도 있는 휴대전화 케이스예요.
크기도 적당해서 전화기를 쉽게 넣고 뺄 수 있답니다.

20 휴대전화 케이스

◉ 준비물(1개분)

- 펠트(분홍색, 회색) 두께 2mm, 20×10cm
- A천(면, 레이스, 프린트무늬) 20×5cm
- B천(면, 물방울무늬) 5×5cm
- 토션 레이스 1cm폭 25cm
- 둥근 끈 굵기 약 0.2cm에 길이 45cm
- 25번 자수실(흐린 노란색) 적당히
- 싸개 단추 1.2cm 1개

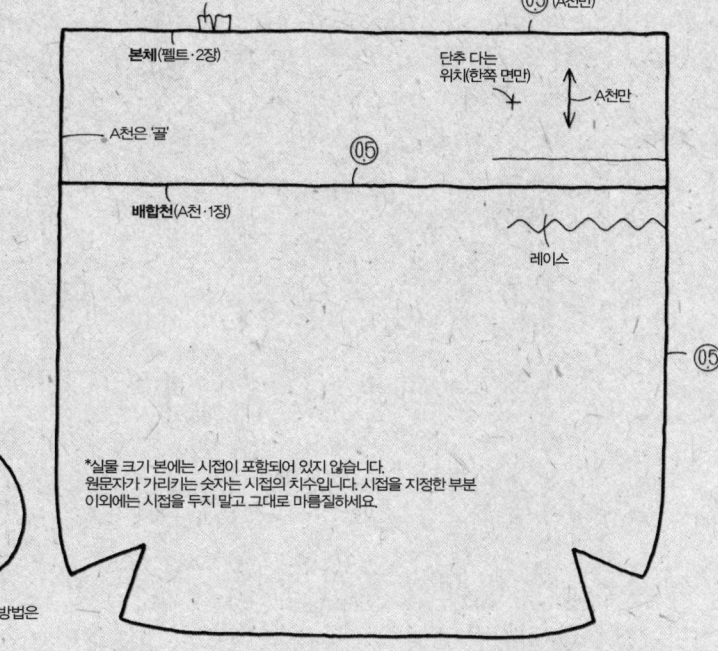

※싸개 단추를 만드는 방법은 p.67를 참조하세요.

◉ 만드는 방법

1 배합천을 만든다.

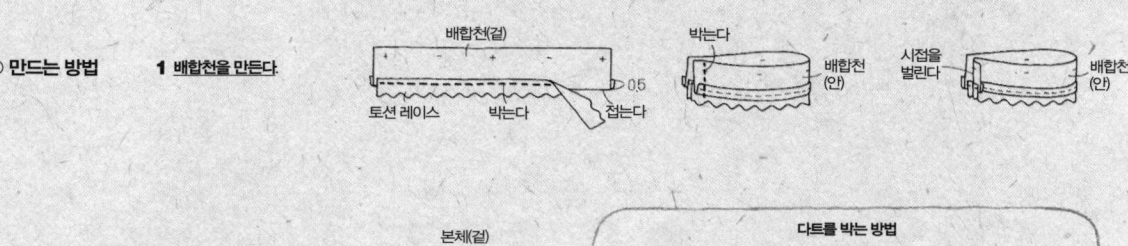

2 본체를 만든다.

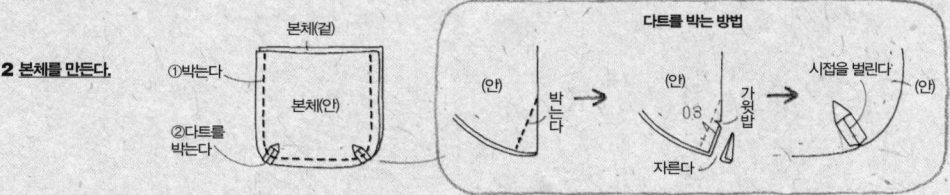

3 둥근 끈을 끼우고 배합천을 감친다.

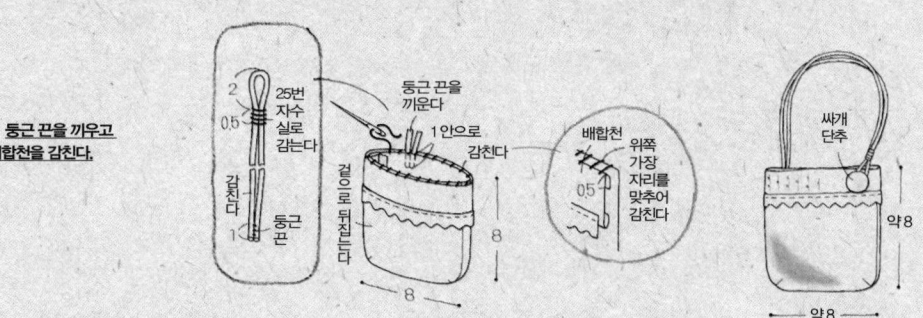

디자인·제작 / 고자키 다마미

동전 지갑

강아지 아플리케가 아주 깜찍한 동전 지갑이예요. 뒤쪽에도 앞쪽과 연결되는 수를 놓았답니다.
강아지가 정말 좋아하는 뼈다귀도 달랑달랑 귀여워요.

21 오렌지색 동전 지갑

◉ 준비물

- 펠트A(주황색) 두께 1mm, 20×20cm
- 펠트B(흰색) 두께 1mm, 5×5cm
- 25번 자수실(카키, 밝은 빨간색, 흰색) 적당히
- 프레임 1개
- 마 끈 굵기 약 0.2cm에 길이 10cm
- 수예용 접착제 적당히
- 볼연지 적당히

◉ 만드는 방법

1 아플리케를 하고 수를 놓는다.

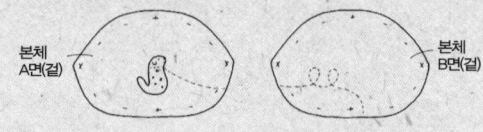

2 본체를 봉합한다.

3 프레임을 단다.

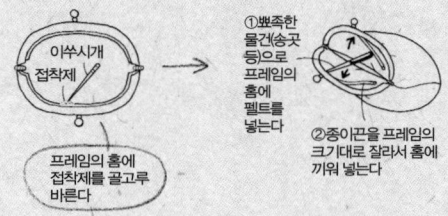

4 뼈다귀를 만들어 단다.

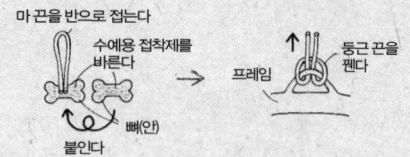

5 완성

22 노란색 동전 지갑

◉ 준비물

- 펠트A(노란색) 두께 1mm, 20×20cm
- 펠트B(흰색) 두께 1mm, 5×5cm
- 25번 자수실(카키, 터키쉬블루, 흰색) 적당히
- 프레임 1개
- 마 끈 굵기 약 0.2cm에 길이 10cm
- 수예용 접착제 적당히
- 볼연지 적당히

◉ 만드는 방법

1 아플리케를 하고 수를 놓는다.

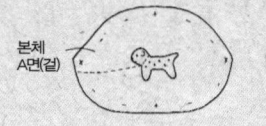
본체 A면(겉)

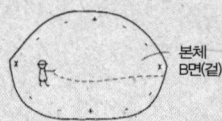
본체 B면(겉)

2 본체를 봉합한다.

3 프레임을 단다.

4 뼈다귀를 만들어 단다.

5 완성

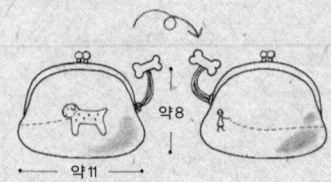
약 8 / 약 11

프레임의 크기

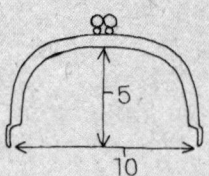
5 / 10

프레임의 크기에 맞게 마름질하는 방법

프레임은 크기가 매우 다양합니다. 준비한 프레임의 크기가 다를 때는 아래의 그림을 참조해서 밑그림을 그리세요.

1 열십자로 중심선을 그어 놓고 프레임의 중심을 맞추세요.

2 기준점을 정하고, 기준점에서 연결고리(rivet)까지의 거리를 컴퍼스로 재서 그대로 원을 그려요. 원의 호(弧) 위에 적당한 위치를 잡아서 아래로 선을 내려요. (연결고리에서 멀어질수록 지갑의 폭이 넓어져요.)

3 지갑의 깊이를 정하고, 디자인을 결정해요(바닥 쪽을 둥글게).

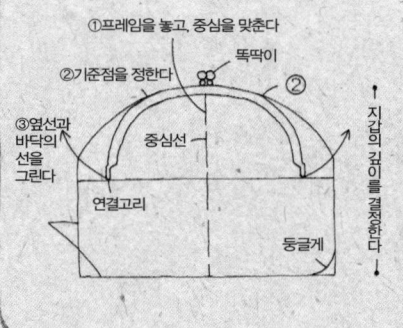

①프레임을 놓고, 중심을 맞춘다
똑딱이
②기준점을 정한다
③옆선과 바닥의 선을 그린다
중심선
연결고리
둥글게
지갑의 깊이를 결정한다

*자수 명칭에 붙은 S는 '스티치(stitch)'의 약자입니다.
*특별히 지정한 자수실 이외에는 25번 자수실 2가닥을 사용하세요.
*감칠 때는 펠트와 색깔이 같은 25번 자수실 1가닥을 사용하세요.
*실물 크기 본에서 굵은 선은 완성선, 가는 선은 재단 선입니다.

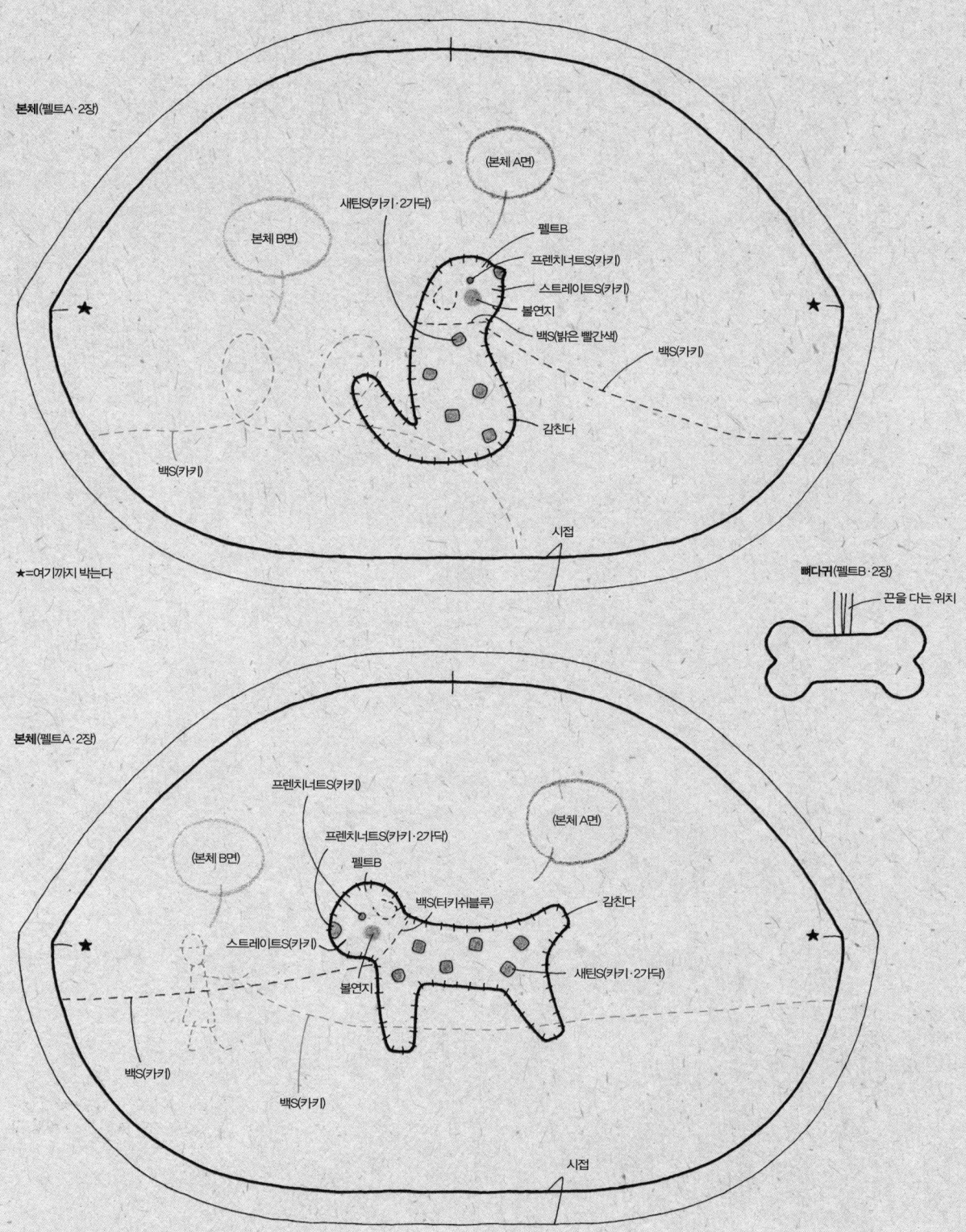

디지털카메라 케이스

노란빛이 은은한 크림색 펠트와 진한 남색
물방울 무늬 천으로 만든 디지털카메라 케이스예요.
두께감이 느껴지는 펠트지가 소중한 카메라를
보호해 줄 거예요.

디자인·제작 / 도리우 미유키

⊙ 만드는 방법

마름질하기

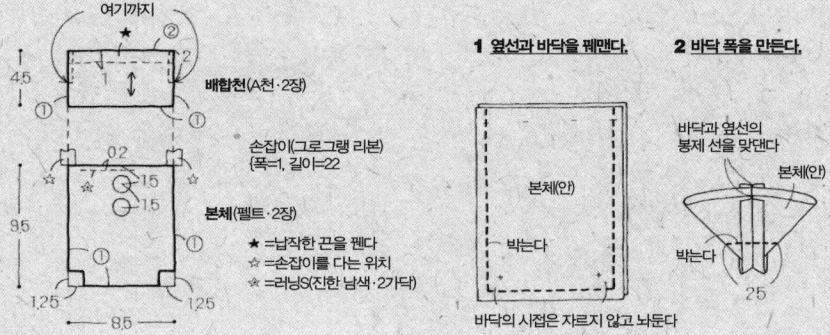

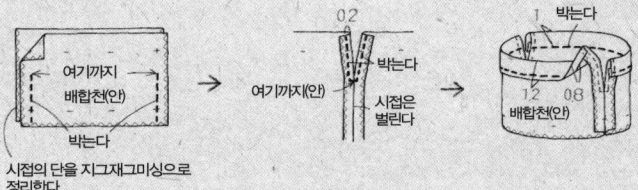

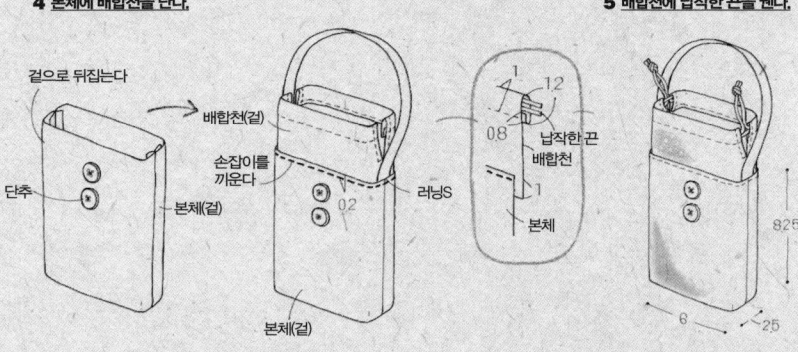

23 디지털카메라 케이스

⊙ 준비물

- 펠트(크림색) 두께 2mm, 25×1cm
- A천(면, 물방울무늬) 10×15cm
- 단추 지름 1cm 2개
- 그로그랭 리본(grosgrain ribbon) 1cm폭 25cm
- 납작한 끈 0.3cm폭 60cm
- 25번 자수실(짙은 남색) 적당히

*마름질하기에는 시접이 포함되어 있지 않습니다. 원문자가 가리키는 숫자는 시접의 치수입니다.
시접을 지정한 부분 이외에는 시접을 두지 말고 그대로 마름질하세요.

56/57
LITTLE FELT CRAFTS
CHAPTER 1

디자인·제작 / 우라베 히로코

두루주머니

장미 아플리케와 레이스가 사랑스러운 두루주머니예요.
끈으로 입구를 여밀 수 있고, 바닥이 둥그스름한 두루주머니는 다양한 크기로
만들어두면 이모저모 쓸모가 많아요.

24 노란꽃 두루주머니

◉ 준비물

- 펠트A(오프화이트) 두께 1mm, 15×15cm 2장
- 펠트B(노란색) 두께 1mm, 5×5cm
- 펠트C(초록색) 두께 1mm, 5×5cm
- 둥글고 큰 비즈(분홍색) 2개
- 둥근 끈 굵기 약 0.3cm에 길이 1m
- 토션 레이스A 1cm폭 35cm
- 토션 레이스B 2cm폭 35cm
- 25번 자수실(갈색, 초록색, 연두색, 노란색, 오프화이트) 적당히
- 나무 비즈(구멍 크기 약 5mm) 12mm 2개

25 분홍꽃 두루주머니

◉ 준비물

- 펠트A(오프화이트) 두께 1mm, 20×20cm 2장
- 펠트B(분홍색) 두께 1mm, 5×5cm
- 펠트C(초록색) 두께 1mm, 5×5cm
- 둥글고 큰 비즈A(분홍색) 2개
- 둥글고 큰 비즈B(흰색) 1개
- 둥근 끈 굵기 약 0.3cm에 길이 1m30cm
- 토션 레이스A 1cm폭 45cm
- 토션 레이스B 2cm폭 45cm
- 25번 자수실(갈색, 초록색, 연두색, 진분홍색, 연분홍색, 오프화이트) 적당히
- 나무 비즈(구멍 크기 약 5mm) 12mm 2개

◉ 만드는 방법

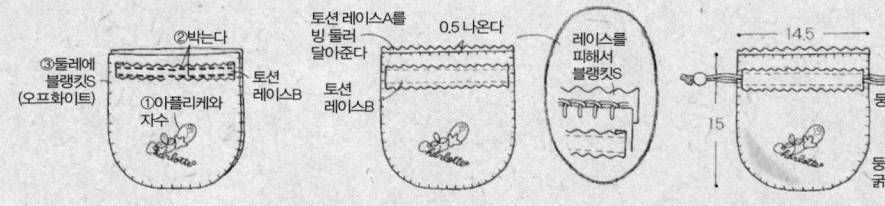
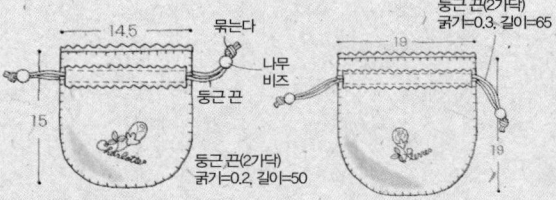

◉ 실물 크기 도안

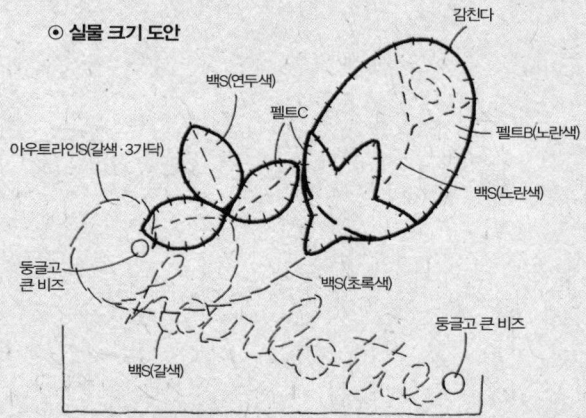
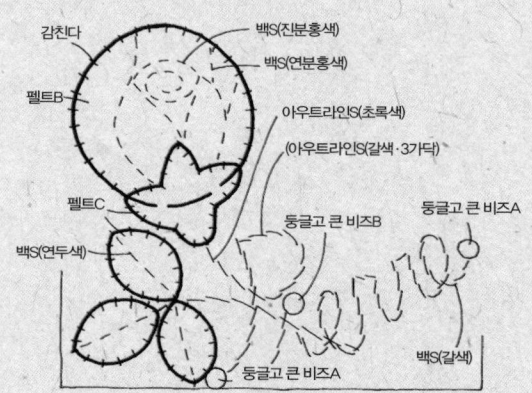

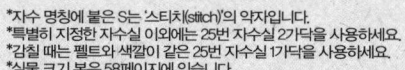

*자수 명칭에 붙은 S는 '스티치(stitch)'의 약자입니다.
*특별히 지정한 자수실 이외에는 25번 자수실 2가닥을 사용하세요.
*감칠 때는 펠트와 색깔이 같은 25번 자수실 1가닥을 사용하세요.
*실물 크기 본은 58페이지에 있습니다.

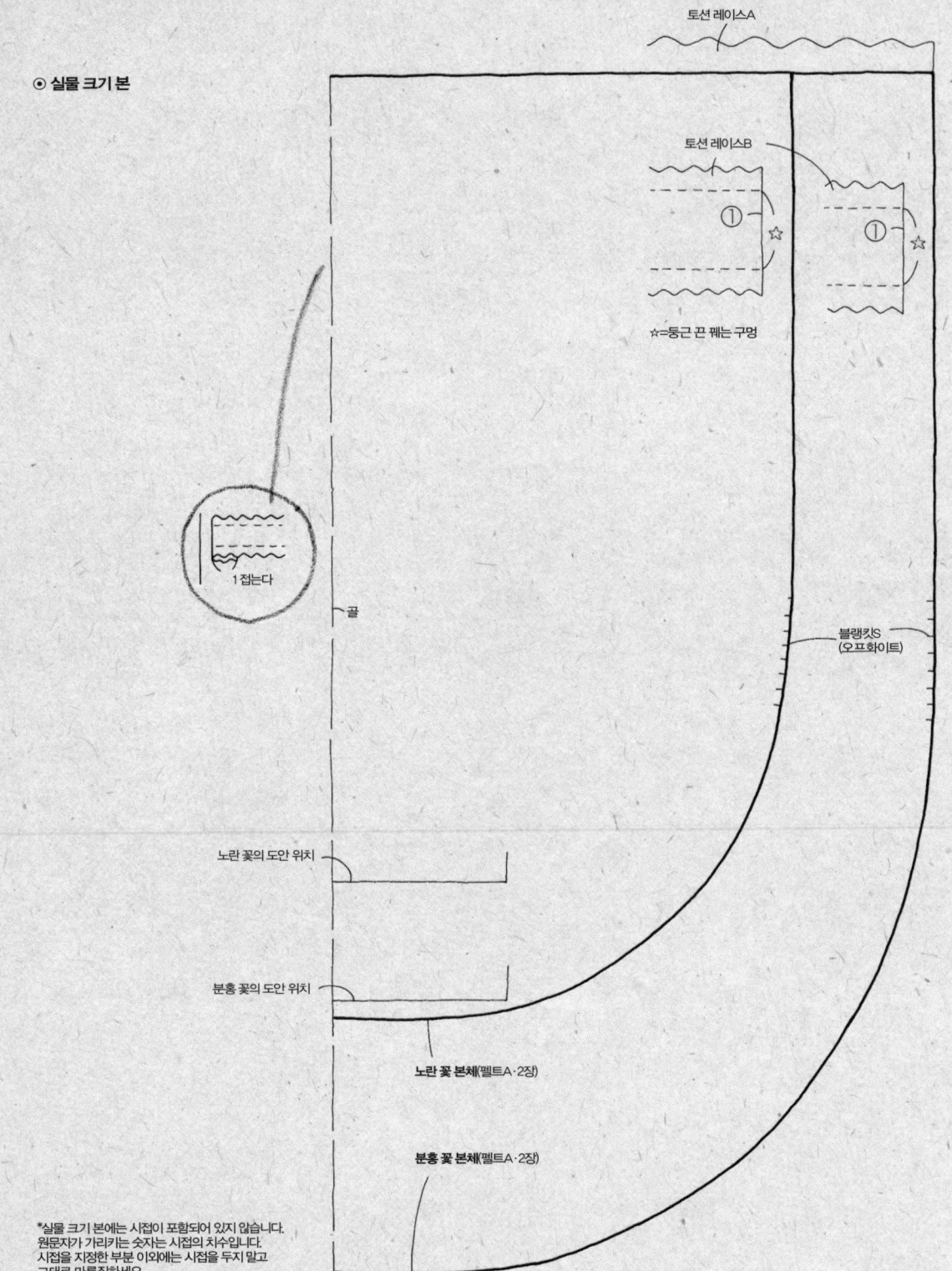

디자인·제작 / Nunomushi

납작 가방

트리와 눈의 결정 문양이 크리스마스를 떠올리게 하네요.
펠트를 두 장 겹치고 윗부분의 펠트를 도려내어 만들었답니다. 재봉틀로 지그재그박기를 해서
조각을 연결했더니 귀여운 납작 가방이 완성되었어요.

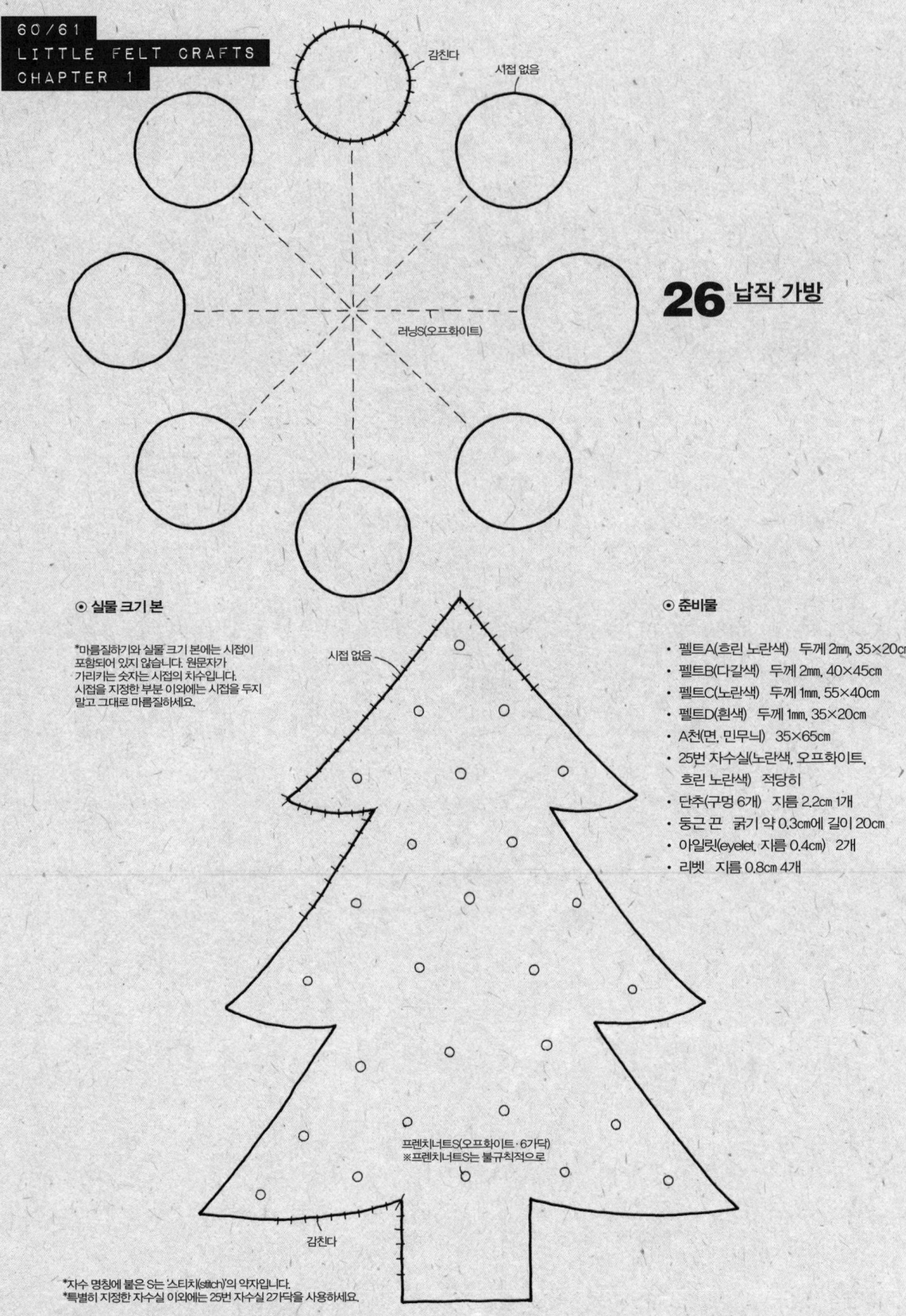

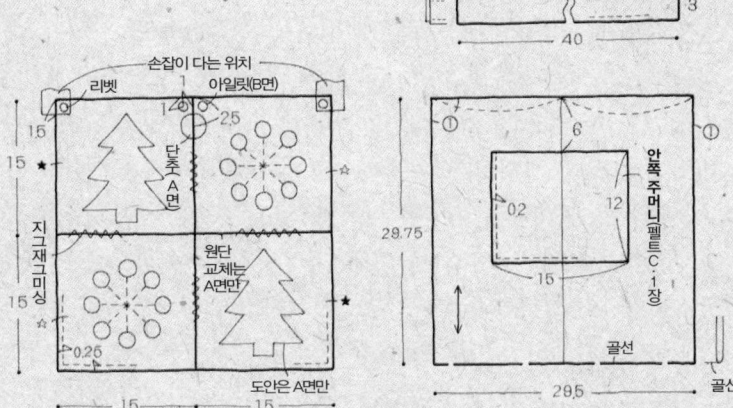

● 만드는 방법

마름질하기
바깥쪽 본체 B면(펠트C·1장)
바깥쪽 본체 A면(펠트A·2장, 펠트B·2장, 펠트C·2장, 펠트D·2장)
안쪽 본체 (A천·1장)

★= (위)펠트A, (아래)펠트B
☆= (위)펠트C, (아래)펠트D / 도안은 A면만

1 도안을 도려내고 그 가장자리를 감친다.(바깥쪽 본체 A면만)

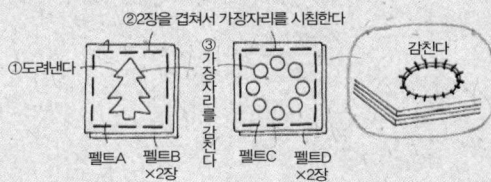

2 각 조각에 수를 놓는다.(바깥쪽 본체 A면만)

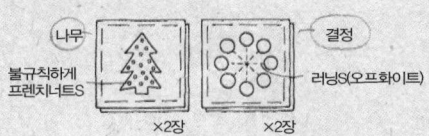

3 조각을 배치하고서 지그재그로 박는다.(바깥쪽 본체 A면만)

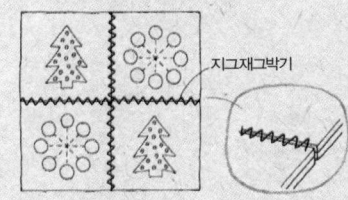

4 입구를 꿰맨다.

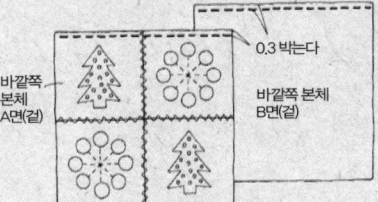

5 바깥쪽 본체 A와 바깥쪽 본체 B를 맞대어 옆선과 바닥을 박는다.

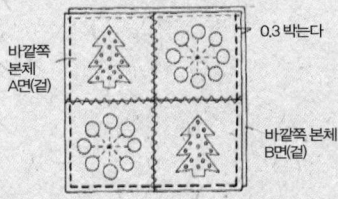

6 안쪽 본체를 만든다.

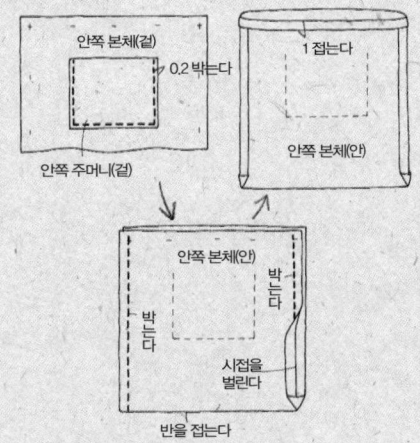

7 안쪽 본체를 바깥쪽 본체 안에 넣고 입구를 감친다.

8 손잡이, 단추, 아일릿을 단다.

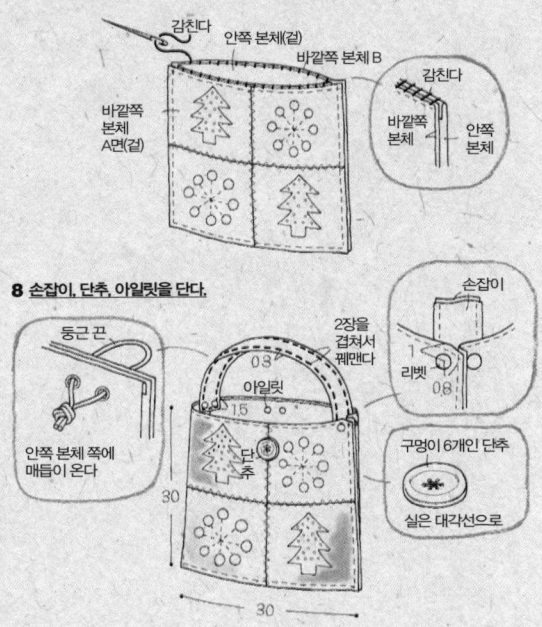

심플 코르사주

시접 없이 잘라도 올이
풀리지 않는 펠트의 특징을
살린 멋진 코르사주랍니다.
회색이나 검은색으로 만들면
더욱 우아해요.
가방에 달아도 아주 멋져요.

디자인·제작 / 시로이시 유키

27 심플 코르사주

⊙ 준비물
- 펠트(회색, 검은색) 두께 1mm, 45×15cm
- 브로치 핀 길이 2.5cm 1개
- 수예용 접착제 적당히

⊙ 실물 크기 본

골선 꽃잎B(펠트·1장)

바탕천(펠트·1장)

꽃잎A(펠트·1장) 골선

⊙ 만드는 방법

1 꽃술을 만든다.

0.5~0.7 간격으로 가윗밥
25
3.5
0.5 남긴다
꽃술(펠트·1장)
접착제를 안쪽에 발라서 돌돌 말아 고정한다

2 꽃잎을 만든다.

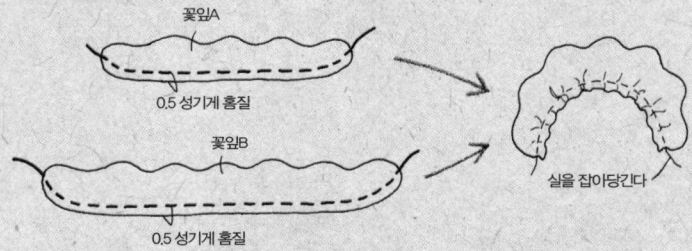

꽃잎A
0.5 성기게 홈질
꽃잎B
0.5 성기게 홈질
실을 잡아당긴다

3 꽃술 둘레에 꽃잎 A와 B를 감는다. **4 바탕천을 꽃 밑에 붙인다.**

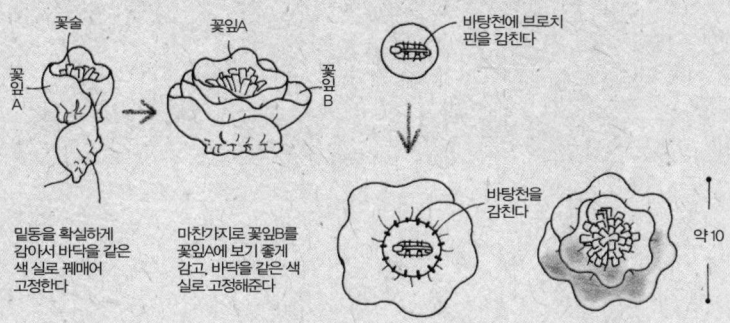

꽃술
꽃잎 A
꽃잎 A
꽃잎 B
밑동을 확실하게 감아서 바닥과 같은 색 실로 꿰매어 고정한다
마찬가지로 꽃잎B를 꽃잎A에 보기 좋게 감고, 바닥과 같은 색 실로 고정해준다
바탕천에 브로치 핀을 감친다
바탕천을 감친다
약 10

성기게 홈질

여기까지

*마름질하기와 실물 크기 본에는 시접이 포함되어 있지 않습니다.
원문자가 가리키는 숫자는 시접의 치수입니다. 시접을 지정한 부분 이외에는 시접을 두지 말고 그대로 마름질하세요.

디자인·제작 / 시로이시 유키

가방 장식 레이스

코르사주에 어울리도록 가방에도 레이스를 이용한 장식을 만들어 보았어요.

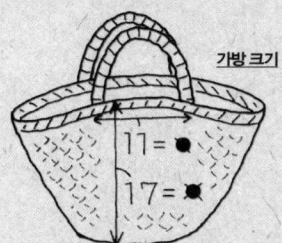

가방 크기

28 가방 장식 레이스

◉ 준비물

- 펠트(검은색) 두께 1mm, 25×35cm
- 레이스 10cm폭 25cm
- 가방 1개

*마름질하기와 실물 크기 본에는 시접이 포함되어 있지 않습니다.
원문자가 가리키는 숫자는 시접의 치수입니다.
시접을 지정한 부분 이외에는 시접을 두지 말고 그대로 마름질하세요.

◉ 만드는 방법

마름질하기

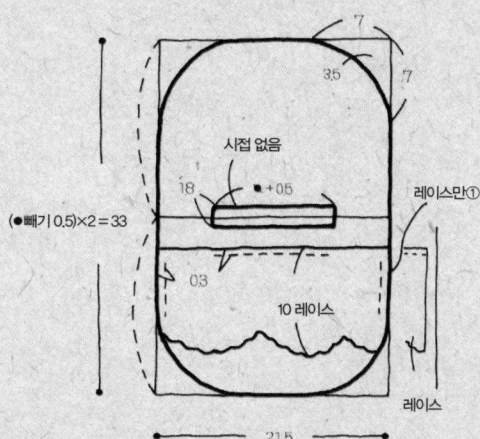

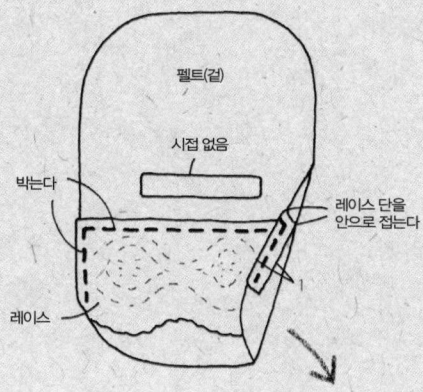

66/67
LITTLE FELT CRAFTS
CHAPTER 2

디자인·제작 / 시로이시 유키

꽃 코르사주

꽃잎 모양으로 자른 펠트를 겹쳐 꽃 코르사주를 만들었어요. 가슴팍에 달아도 좋고,
가방에 달아도 좋아요. 요리조리 활용해 보세요.

29 꽃 코르사주

◉ 준비물

- 펠트A(분홍색) 두께 1mm, 15×15cm
- A천(면, 꽃무늬) 30×10cm
- 토션 레이스 0.8cm폭 30cm
- 싸개 단추 1.8cm 1개
- 브로치 핀 길이 2.5cm 1개

◉ 만드는 방법

1 꽃잎을 만든다.

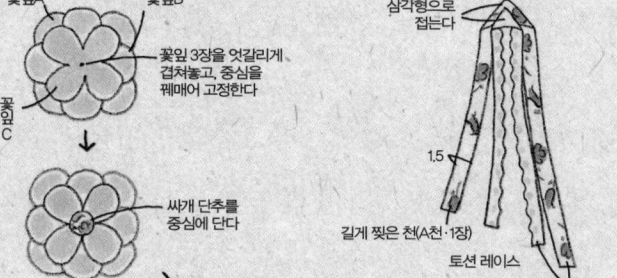

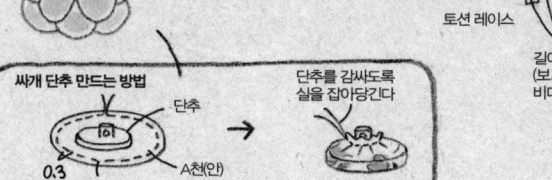

2 바탕천, 길게 찢은 천, 레이스를 단다.

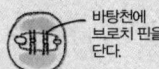
바탕천에 브로치 핀을 단다.

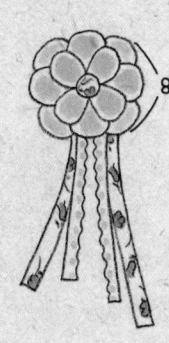

◉ 실물 크기 본

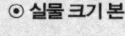

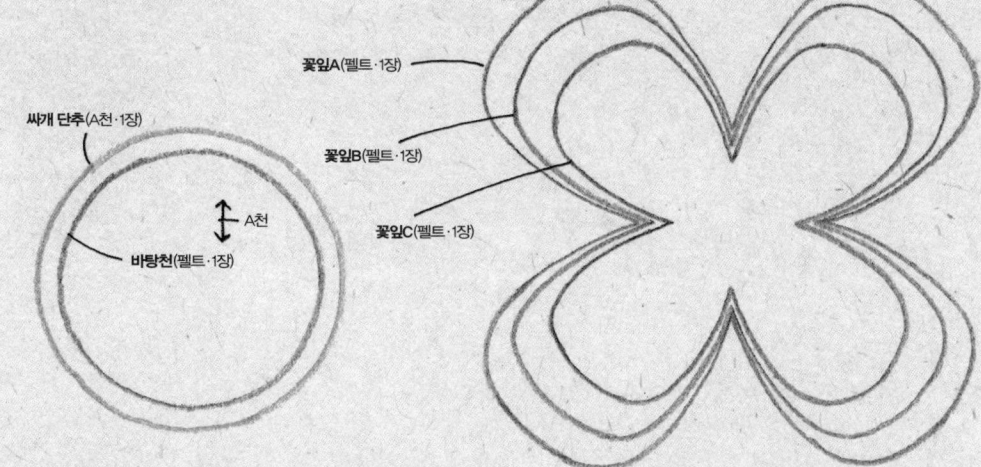

*실물 크기 본에는 시접이 포함되어 있지 않습니다. 시접을 두지 말고 그대로 마름질하세요.

스팽글 코르사주

색다른 느낌의 멋스러운 코르사주예요.
조금 더 고풍스러운 느낌을 살리기 위해 펠트를 물에 적셔서 주름진 상태로 만들었어요.
가운데 반짝반짝 빛나는 스팽글을 달았답니다.

30 스팽글 코르사주

⊙ 준비물

- 펠트(위 흐린 노란색, **아래 왼쪽 빨간색, 아래 오른쪽 밝은 청록색**) 두께 2mm, 20×20cm
- 스팽글(위 분홍색, **아래 왼쪽 밝은 청록색, 아래 오른쪽 분홍색**) 지름 6mm 약 19개
- 브로치 핀 길이 2.5cm 1개
- 수예용 솜 조금
- 조화용 와이어(#26) 36cm 1개
- 25번 자수실(위 흐린 노란색, **아래 왼쪽 빨간색 아래 오른쪽 밝은 청록색**) 적당히
- 낚싯줄(3호) 적당히
- 수예용 접착제 적당히

⊙ 실물 크기 본

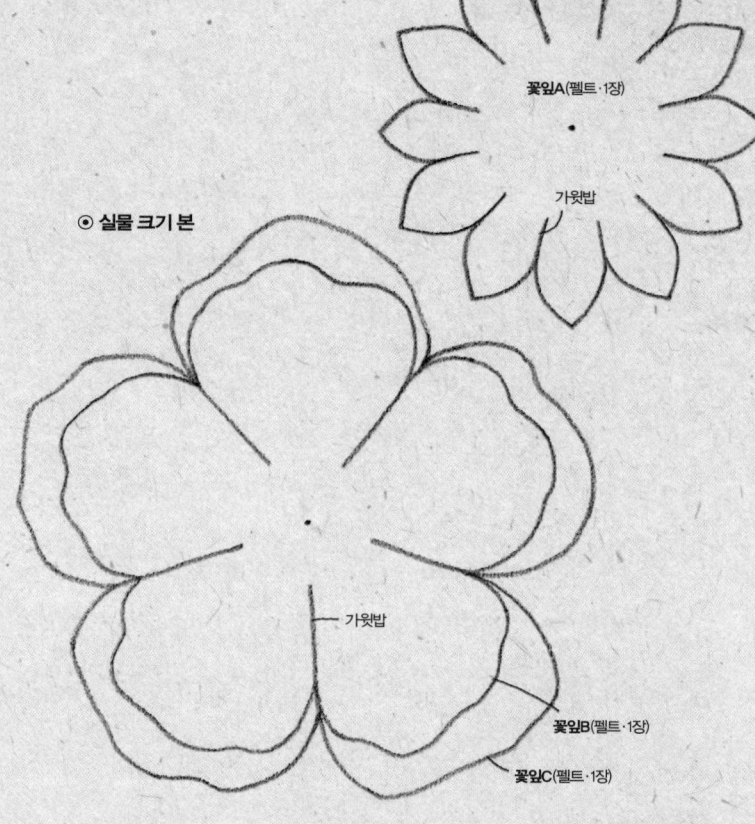

⊙ 만드는 방법

1 중심천에 스팽글을 달고, 바탕천에 브로치 판을 단다.

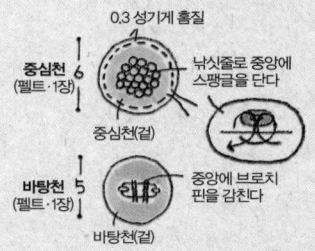

2 수예용 솜을 와이어 끝에 고정한다.

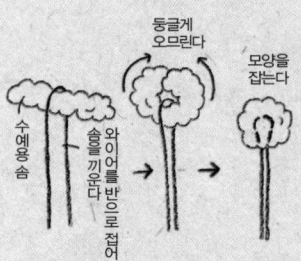

3 둥글게 모양을 잡은 솜 위에 중심천을 씌우고 실을 잡아당긴다.

4 꽃잎A~C의 중심에 송곳으로 구멍을 뚫고, 꽃잎 모양이 살아나도록 한 장씩 접착제로 붙인다.

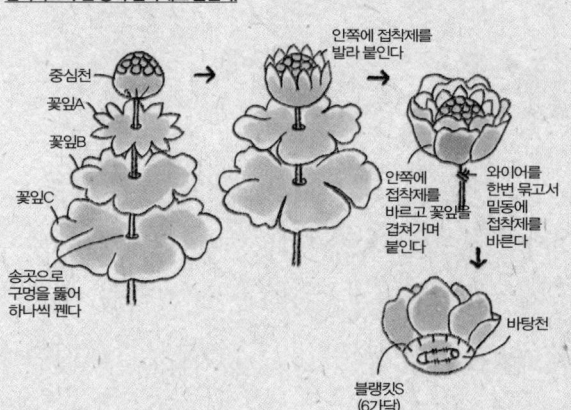

※워셔블(물빨래용) 펠트는 쓰지 마세요. 구겨진 느낌이 들지 않는답니다.

미리 준비하세요
꽃잎A·B·C는 꽃잎 모양으로 자르고서 물에 적셔요. 물기를 꼭 짜서 드라이어 등으로 완전히 말리세요. 조금이라도 젖어 있으면 접착제가 잘 붙지 않아요.

*자수 명칭에 붙은 S는 '스티치(stitch)'의 약자입니다.
*실물 크기 본에는 시접이 포함되어 있지 않습니다. 시접을 두지 말고 그대로 마름질하세요.

티코지 & 티팟 매트

흑백의 조화가 모던한 분위기를 냅니다.
티코지는 보온성을 높이기 위해 펠트를 이중으로 사용했어요. 티팟 매트에는
타월지를 넣어서 뜨거운 주전자를 올려놓아도 끄떡없지요.

디자인·제작 / 시로이시 유키

31 티코지

⊙ 준비물

- 펠트A(검은색) 두께 1mm, 30×60cm
- 펠트B(회색) 두께 1mm, 30×45cm
- 25번 자수실(회색, 검은색) 적당히

⊙ 만드는 방법

1 탭을 만든다.

2 본체B에 아플리케를 한다.

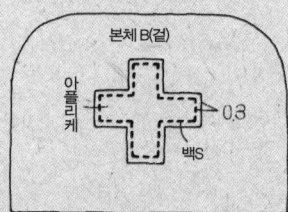

3 본체A·B를 꿰맨다.

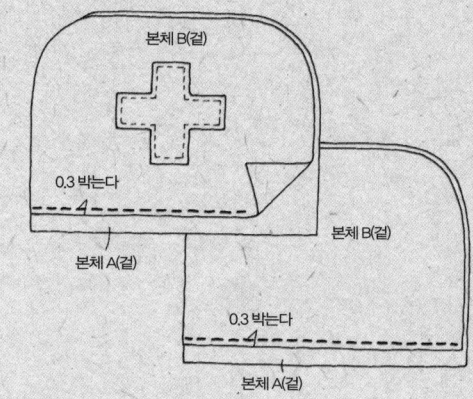

4 탭을 끼우고 둘레를 박는다.

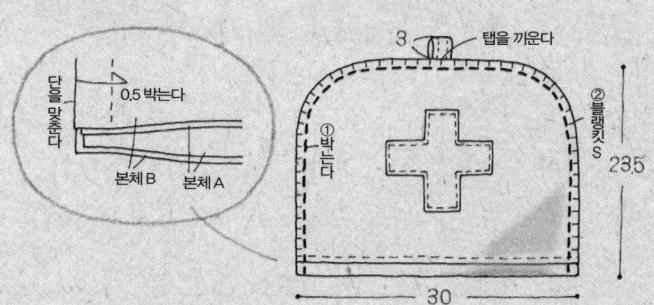

*특별히 지정한 자수실 이외에는 25번 자수실 2가닥을 사용하세요.
*자수 명칭에 붙은 S는 스티치(stitch)의 약자입니다.
*실물 크기 본은 72페이지에 있습니다.

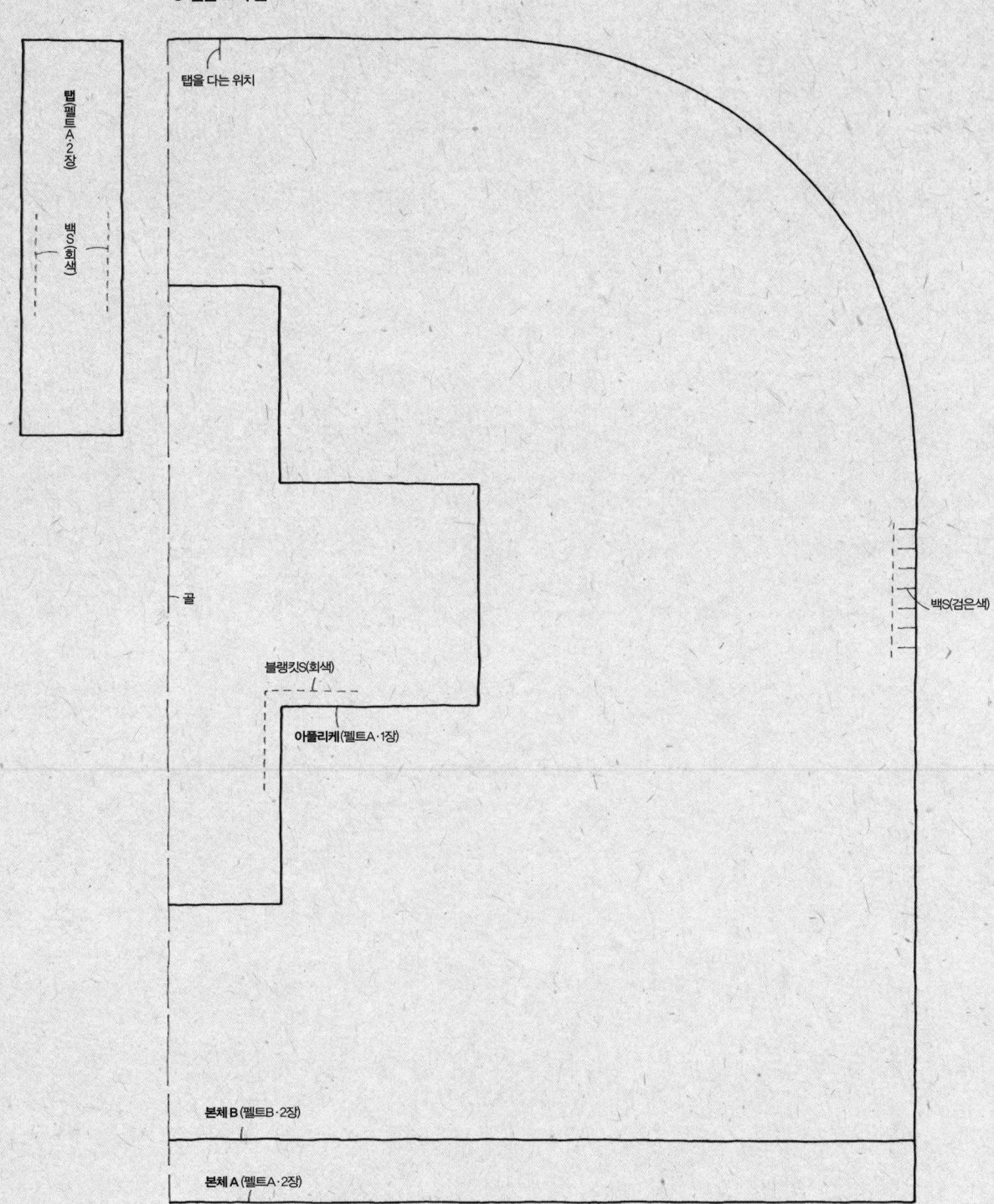

32 티팟 매트

● 준비물

- 펠트A(검은색) 두께 1mm, 30×20cm
- 펠트B(회색) 두께 1mm, 5×5cm
- A천(타월지) 30×20cm
- 25번 자수실(회색) 적당히
- 마 끈 굵기 0.2cm에 길이 10cm

● 마름질하기

크기
위쪽 = 본체
아래쪽 = 안쪽 천

안쪽 천(A천·2장)
본체(펠트 A 2장)

● 실물 크기 본

아플리케(펠트B·1장)

● 만드는 방법

1 아플리케를 한다.

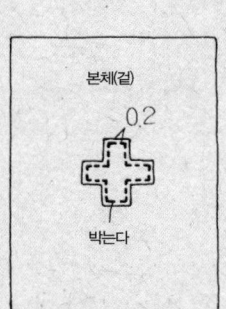

2 안쪽 천을 봉합하여 본체에 겹친다.

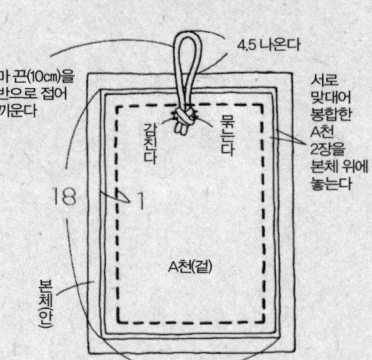

3 테두리를 감친다.

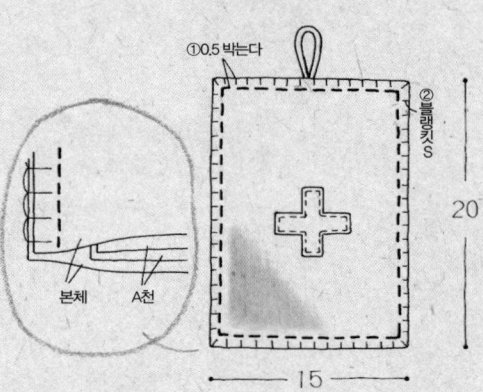

냄비 손잡이

시판되는 닻 모양의 모티브를 그냥 붙여도 좋고,
레이스를 달아도 좋아요. 아주 감각적인 냄비 손잡이가
완성된답니다.
펠트 사이에 퀼트 솜을 넣어서 만들었어요.

33 닻 모양 냄비 손잡이

◉ 준비물

- 펠트A(어두운 남색) 두께 1mm, 15×20cm
- 펠트B(흰색) 두께 1mm, 20×20cm
- 퀼트 솜 30×20cm
- 25번 자수실(어두운 남색) 적당히
- 시판되는 펠트 모티브(닻) 1장
- 털실(중간 굵기, 흰색) 적당히
- 테이프 1.5cm폭 5cm
- 아플리케 펀처(아플리케를 다는 도구)
- 아플리케 펀처용 매트

◉ 마름질하기

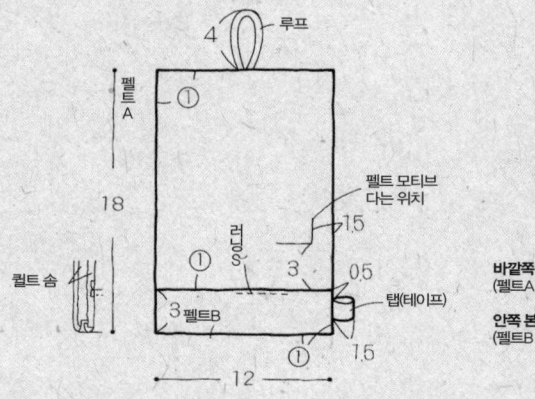

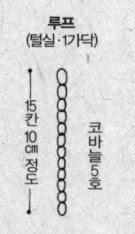

루프
(털실·1가닥)

15칸 10cm 정도
코바늘 5호

바깥쪽 본체
(펠트A·1장, 펠트B·1장, 퀼트 솜·1장)

안쪽 본체
(펠트B·1장, 퀼트 솜·1장)

◉ 만드는 방법

1 펠트 모티브를 단다.

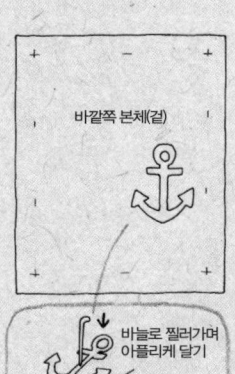

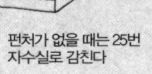

펀처가 없을 때는 25번 자수실로 감친다

2 바깥쪽 본체에 배합천을 단다.

3 본체의 겉면을 맞대고 봉합한다. **4** 겉으로 뒤집고 창구멍을 감친다.

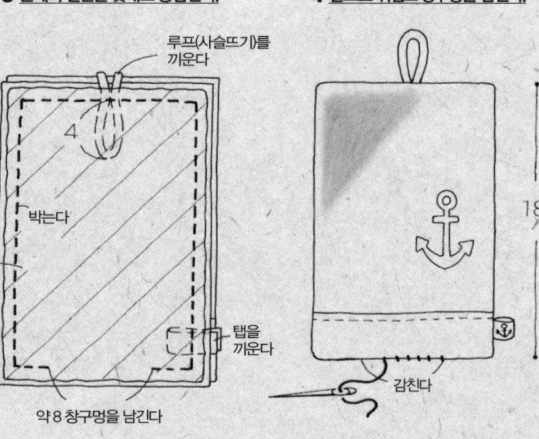

*마름질하기에는 시접이 포함되어 있지 않습니다. 원문자가 가리키는 숫자는 시접의 치수입니다. 시접을 지정한 부분 이외에는 시접을 두지 말고 그대로 마름질하세요.

◉ 사슬뜨기 하는 방법

1 코바늘에 실을 둥글게 한 번 감는다. **2** 원손으로 바늘에 걸린 실의 아래쪽을 잡고, 바늘 코로 그 위쪽 실을 걸어 고리(코) 안으로 뺀다. **3** 다시 실을 걸어 고리(코) 안으로 뺀다. **4** 마찬가지로 반복하며 적당한 길이로 뜬다.

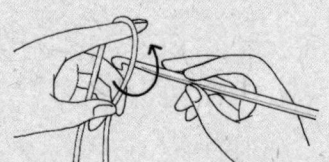
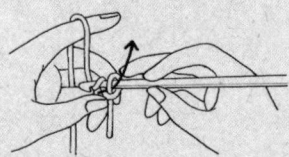
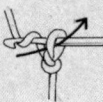
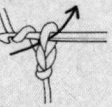

76/77
LITTLE FELT CRAFTS
CHAPTER 3

◉ 마름질하기

본체(펠트·2장, 퀼트 솜·2장)

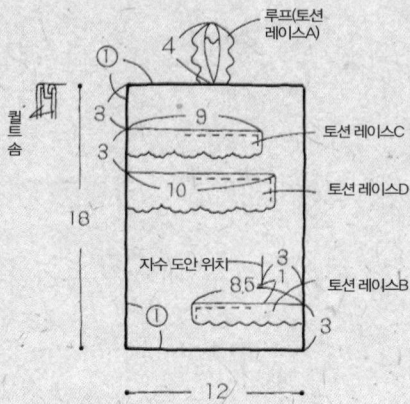

◉ 실물 크기 도안

×=크로스 스티치(흐린 노란색)

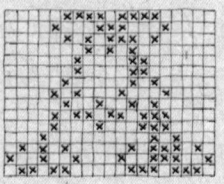

*자수실은 25번 자수실 2가닥을 사용하세요.

*마름질하기에는 시접이 포함되어 있지 않습니다. 원문자가 가리키는 숫자는 시접의 치수입니다. 시접을 지정한 부분 이외에는 시접을 두지 말고 그대로 마름질하세요.

34 레이스 냄비 손잡이

◉ 준비물

- 펠트(흐린 노란색) 두께 1mm, 30×20cm
- 퀼트 솜 30×20cm
- 25번 자수실(흐린 노란색) 적당히
- 토션 레이스A 0.8cm폭 10cm
- 토션 레이스B 1.2cm폭 10cm
- 토션 레이스C 1.5cm폭 10cm
- 토션 레이스D 2.5cm폭 10cm
- 웨이스트 캔버스(waste canvas) 5×5cm

◉ 만드는 방법

1 수를 놓는다.

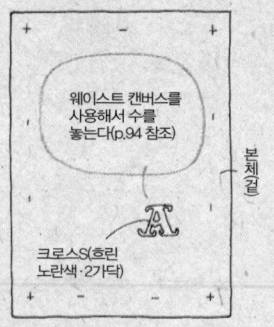

2 레이스B~D를 단다.

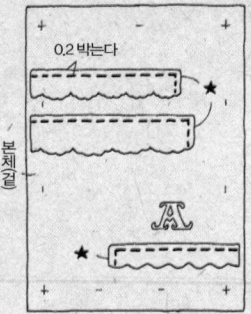

★ 레이스 끝을 깔끔하게 자른다.

3 본체 안쪽에 퀼트 솜을 댄다.

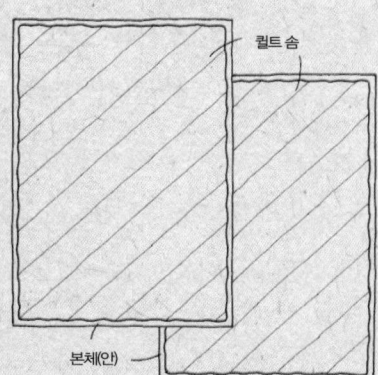

4 본체의 겉면을 맞대고 박는다.

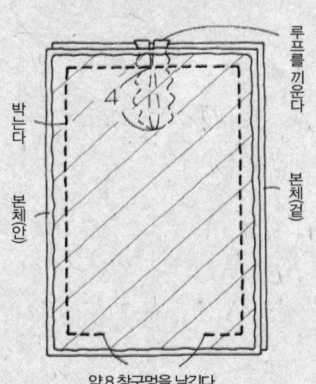

5 겉으로 뒤집고 창구멍을 감친다.

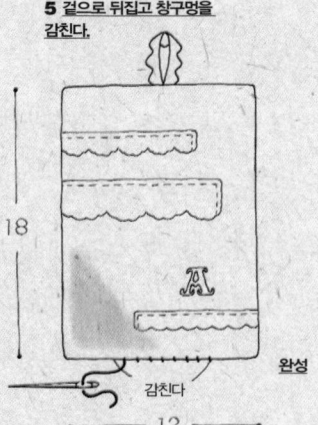

완성

카페 타임 세트

가끔은 집에서도 카페 분위기를 내고 싶을 때가 있지요? 티 매트와 냅킨 고리를 활용해 보세요. 좋아하는 색깔의 펠트와 격자무늬 천을 배합했답니다. 냅킨 고리는 매직테이프로 고정하세요.

디자인·제작 / 후지이 미키

◉ 마름질하기

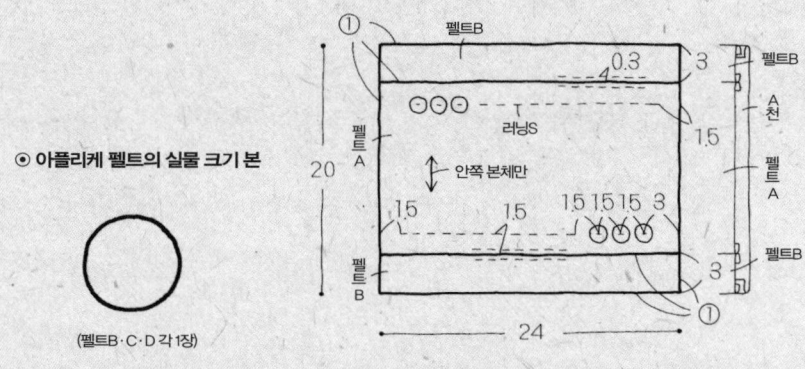

◉ 아플리케 펠트의 실물 크기 본

(펠트B·C·D 각 1장)

바깥쪽 본체 (펠트A·1장, 펠트B·2장)
안쪽 본체 (A천·1장)

*자수실은 25번 자수실 6가닥을 사용하세요.

35 티 매트

◉ 준비물

- 펠트A(흐린 노란색)   두께 1mm, 30×20cm
- 펠트B(위 주황색, 아래 초록색)
  두께 1mm, 30×10cm
- 펠트C(노란색)   두께 1mm, 5×5cm
- 펠트D(위 초록색, 아래 주황색)
  두께 1mm, 5×5cm
- A천(면, 격자무늬) 30×25cm
- 25번 자수실(위 주황색, 아래 초록색)
  적당히

◉ 만드는 방법

1 배합천을 연결한다.

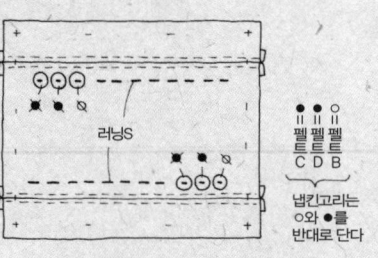

2 아플리케를 하고 수를 놓는다.

3 박는다.

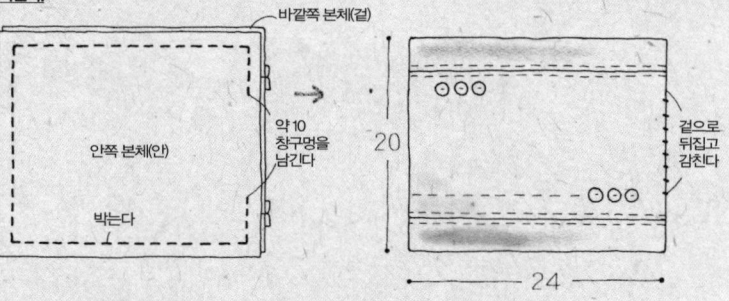

*마름질하기와 실물 크기 본 이외에는 시접이 포함되어 있지 않습니다. 원문자가 가리키는 숫자는 시접의 치수입니다.
시접을 지정한 부분 이외에는 시접을 두지 말고 그대로 마름질하세요.

36 냅킨 고리

⊙ 만드는 방법

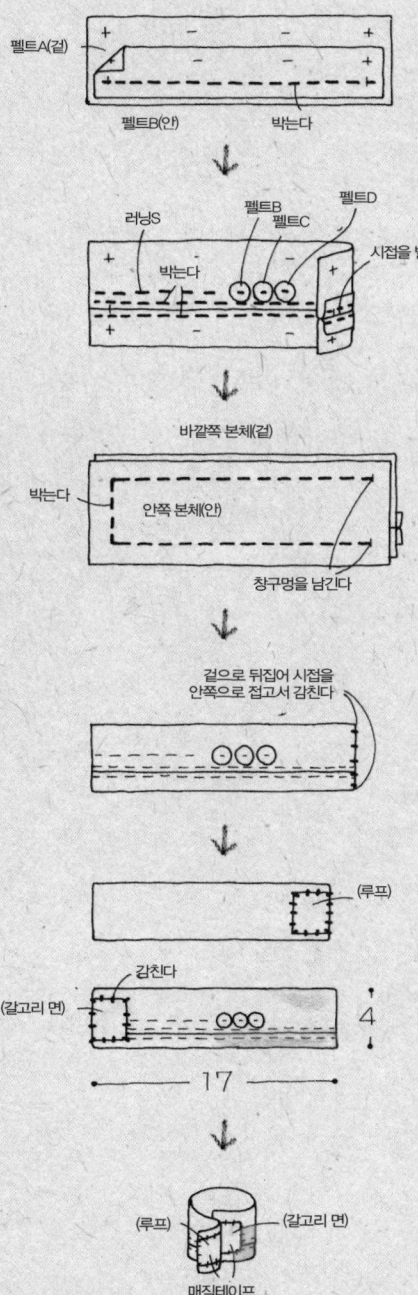

⊙ 준비물

- 펠트A(흐린 노란색) 두께 1mm, 20×5cm
- 펠트B(위 주황색, 아래 초록색) 두께 1mm, 20×5cm
- 펠트C(노란색) 두께 1mm, 1×1cm
- 펠트D(위 초록색, 아래 주황색) 두께 1mm, 1×1cm
- A천(면, 격자무늬) 20×10cm
- 25번 자수실(위 주황색, 아래 초록색) 적당히
- 매직테이프 2.5×2cm

⊙ 마름질하기

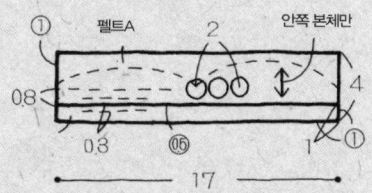

바깥쪽 본체 (펠트A·1장, 펠트B·1장)
안쪽 본체 (A천·1장)

⊙ 아플리케 펠트의 실물 크기 본

(펠트B·C·D 각 1장)

*자수 명칭에 붙은 S는 '스티치(stitch)'의 약자입니다.
*특별히 지정한 자수실 이외에는 25번 자수실 2가닥을 사용하세요.

티 코스터

양면 접착심지로 색이 다른 펠트 2장을 겹쳐서 만든, 정말 만들기 쉬운 찻잔 받침이에요. 수를 놓으면 도려낸 부분으로 비치는 아래쪽 펠트가 더 멋스럽게 보인답니다.

디자인·제작 / 니시무라 아키코

37 사각 티 코스터

⊙ 준비물

- 펠트A(노란색) 두께 2mm, 15×15cm
- 펠트B(모스그린) 두께 2mm, 15×15cm
- 25번 자수실(모스그린) 적당히
- 양면 접착심지 15×15cm

38 원 티 코스터

⊙ 준비물

- 펠트A(오프화이트) 두께 2mm, 15×15cm
- 펠트B(색슨블루) 두께 2mm, 15×15cm
- 25번 자수실(색슨블루) 적당히
- 양면 접착심지 15×15cm

39 타원 티 코스터

⊙ 준비물

- 펠트A(회색) 두께 2mm, 15×15cm
- 펠트B(분홍색) 두께 2mm, 15×15cm
- 25번 자수실(분홍색) 적당히
- 양면 접착심지 15×15cm

⊙ 만드는 방법

1 수를 놓고 안쪽에 양면 접착심지를 붙인다.

2 펠트A와 B를 접착해서 완성선을 따라 자른다.

펠트를 접착해서 완성선을 따라 자른다

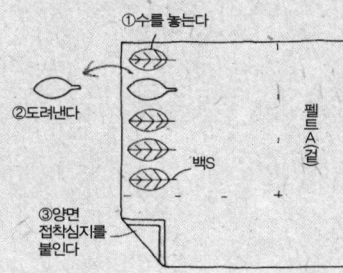

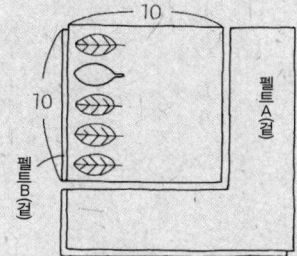

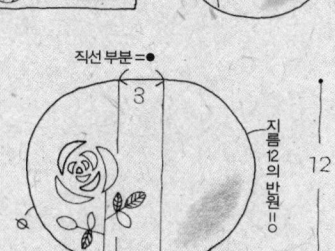

⊙ 실물 크기 본

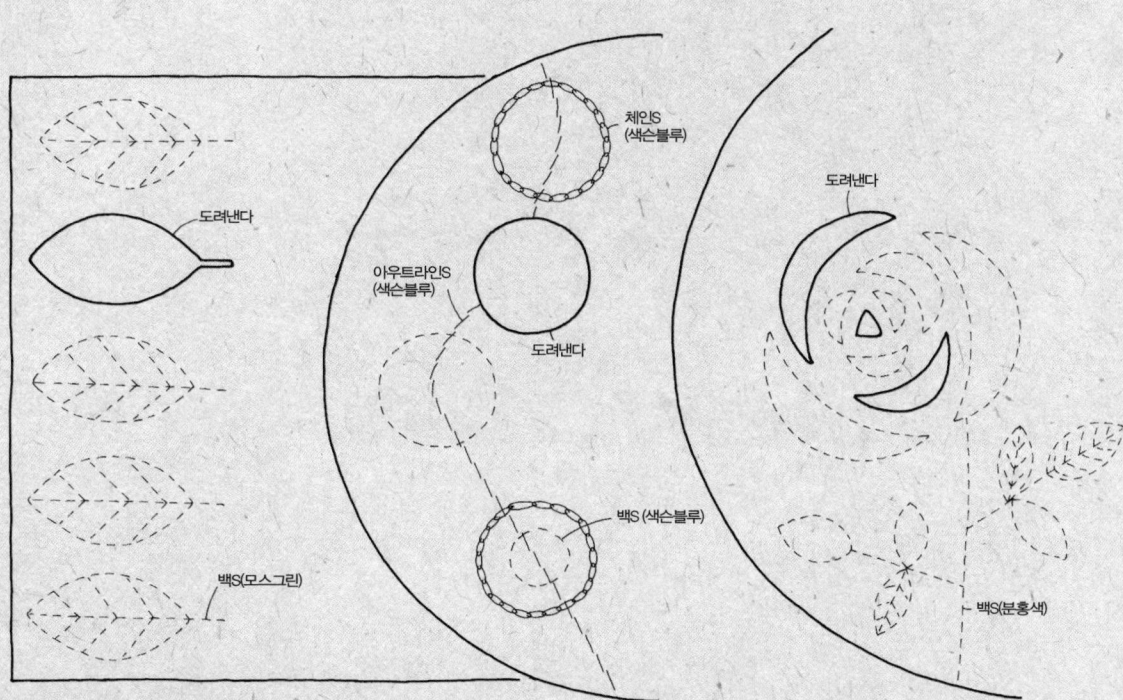

*자수 명칭에 붙은 S는 '스티치(stitch)'의 약자입니다.
*특별히 지정한 자수실 이외에는 25번 자수실 2가닥을 사용하세요. *실물 크기 본은 시접을 두지 말고 그대로 마름질하세요.

바느질 도구함

자질구레한 바느질 용품을 모아둘
수 있는, 바닥이 둥근 도구함이에요.
꽃잎으로 장식도 했어요.
안쪽에는 작은 물건들을 넣을 수
있는 편리한 주머니도 있어요.
꽃잎 모양으로 자른 모티브는
한가운데만 바느질로 고정했어요.
나무 고리에 달린 줄자 케이스와
바늘방석은 탈부착할 수 있어요.

디자인·제작 / 요시자와 미즈호

40 바느질 도구함

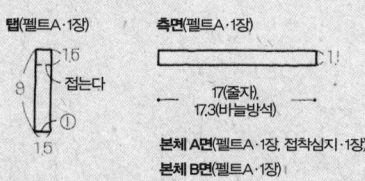

바늘방석, 줄자 케이스 커버 마름질하기

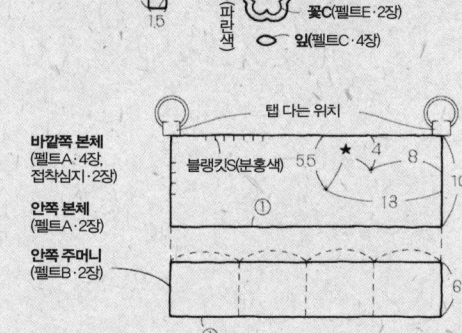

바느질 도구함 마름질하기

⊙ 준비물

- 펠트A(파란색)   두께 1mm, 55×50cm
- 펠트B(모스그린) 두께 1mm, 35×15cm
- 펠트C(녹갈색)   두께 1mm, 5×5cm
- 펠트D(와인)   두께 1mm, 15×15cm
- 펠트E(분홍색)   두께 1mm, 15×15cm
- 펠트F(회색)   두께 1mm, 25×25cm
- 접착심지 35×25cm
- 25번 자수실(파란색, 분홍색, 녹갈색) 적당히
- 나무 고리 지름 3cm 2개
- 수예용 솜 약 7g
- 똑딱단추 지름 1.2cm 2쌍
- 케이스(원형)가 달린 줄자 1개

⊙ 바늘방석, 줄자 케이스 커버의 실물 크기 본

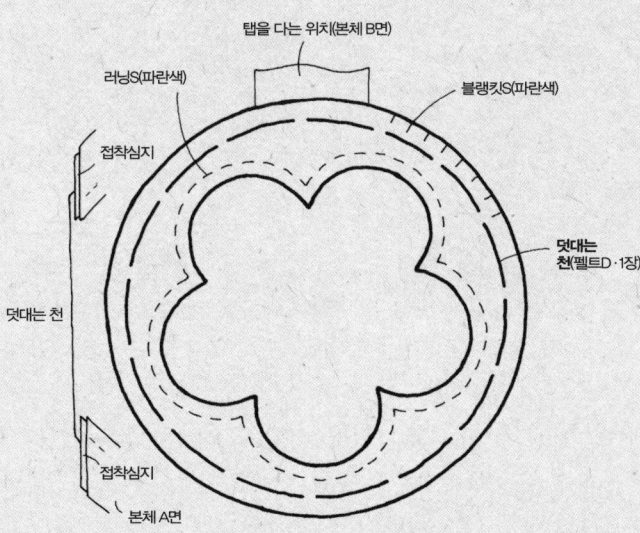

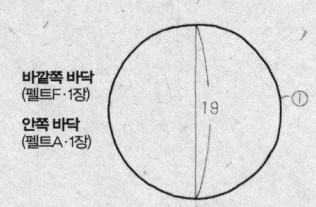

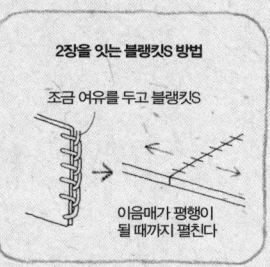

*바늘방석, 줄자 케이스 커버는 같은 크기로 마름질하세요
(측면을 제외하고는 모두 동일해요).
*자수 명칭에 붙은 S는 스티치(stitch)의 약자입니다.
*특별히 지정한 자수실 이외에는 25번 자수실 2가닥을 사용하세요.
*마름질하기와 실물 크기 본에는 시접이 포함되어 있지 않습니다. 원문자가 가리키는 숫자는 시접의 치수입니다. 시접을 지정한 부분 이외에는 시접을 두지 말고 그대로 마름질하세요.

LITTLE FELT CRAFTS
CHAPTER 4

⊙ 바느질 도구함 만드는 방법

1 바깥쪽 본체에 아플리케를 한다.

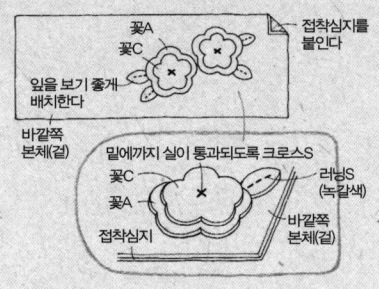

2 안쪽 본체에 안쪽 주머니를 달고 옆선은 박는다.

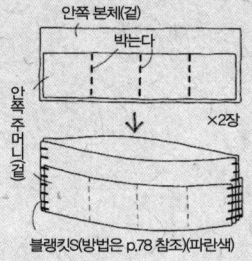

3 바깥쪽 본체의 옆선은 스티치로 연결한다.

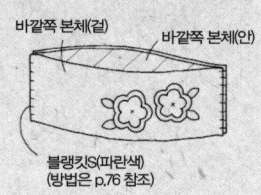

4 안쪽 본체와 안쪽 바닥을 바느질한다.

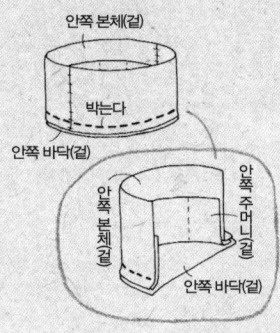

5 바깥쪽 본체와 바깥쪽 바닥을 바느질한다.

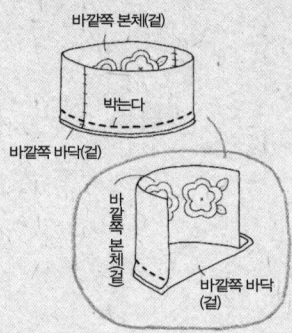

6 바깥쪽 본체 안에 안쪽 본체를 넣고, 입구에 블랭킷 스티치를 한다.

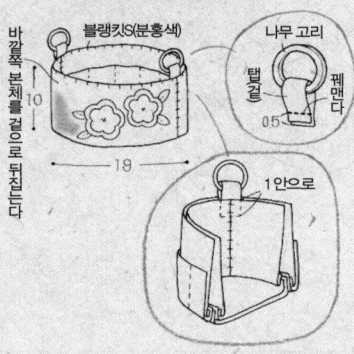

⊙ 바늘방석, 줄자 케이스 커버 만드는 방법

1 본체를 만든다.

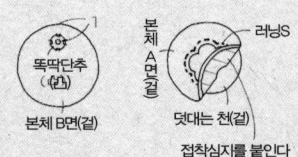

2 측면을 스티치로 연결한다.

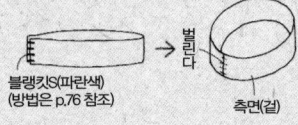

3 본체와 측면을 바느질한다.

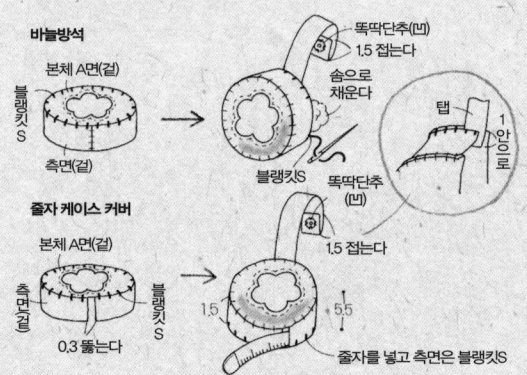

휴대용 바느질 도구함

바느질 도구를 넣고 둘둘 말아서 여미는 도구함이에요.
안쪽에는 수납 주머니가 달렸지요. 꽃 모양으로 자른 펠트를 세 장 겹쳐서 바늘방석도 만들었어요.
그리고 두루주머니 모양의 바느질 도구함도 손쉽게 만들 수 있는 소품이에요.
바닥이 탄탄해서 안정감이 있어 쓰기 편리하답니다.

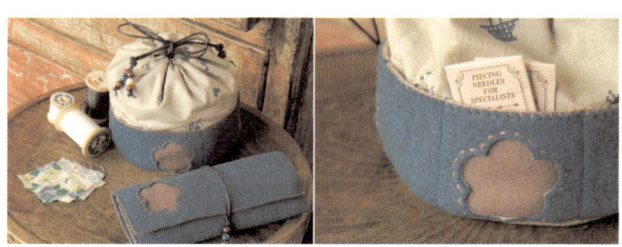

디자인·제작 / 요시자와 미즈호

86/87
LITTLE FELT CRAFTS
CHAPTER 4

◉ 마름질하기

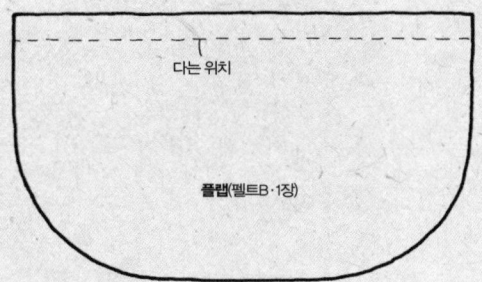

41 두루말이 휴대용 바느질 도구함

◉ 준비물

- 펠트A(파란색) 두께 1mm, 25×40cm
- 펠트B(녹갈색) 두께 1mm, 15×15cm
- 펠트C(어두운 녹갈색) 두께 1mm, 15×15cm
- 펠트D(와인) 두께 1mm, 10×10cm
- 펠트E(적자색) 두께 1mm, 5×5cm
- 펠트F(분홍색) 두께 1mm, 5×5cm
- 25번 자수실(파란색, 분홍색) 적당히
- 둥근 끈 굵기 약 0.2cm에 길이 30cm
- 나무 비즈(구멍 크기 약 2mm) 7mm 3개

◉ 실물 크기 본

◉ 만드는 방법

1 바깥쪽 본체에 아플리케를 한다.

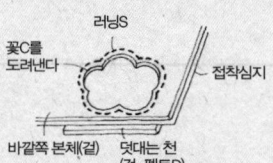

*자수실은 25번 자수실 3가닥을 사용하세요.

2 바깥쪽 본체에 꽃C를 도려내고 수를 놓는다.

3 플랩, 주머니A~C를 단다.

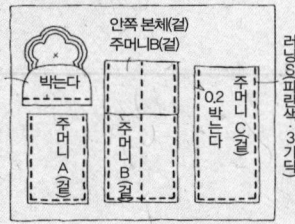

4 안쪽 본체와 바깥쪽 본체 사이에 둥근 끈을 끼우고 둘레를 봉합한다.

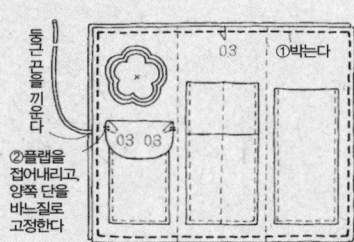

5 테두리에 블랭킷 스티치를 한다.

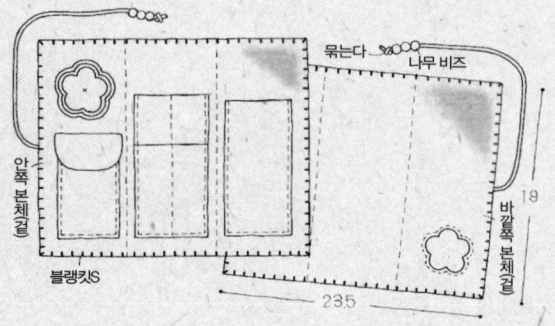

42 주머니 휴대용 바느질 도구함

◉ 준비물

- 펠트A(파란색) 두께 1mm, 30×15cm
- 펠트B(회색) 두께 1mm, 35×35cm
- 펠트C(와인색) 두께 1mm, 15×15cm
- A천(면, 프린트무늬) 50×25cm
- B천(면, 격자무늬) 50×30cm
- 접착심지 30×15cm
- 25번 자수실(분홍색) 적당히
- 둥근 끈 굵기 약 0.2cm에 길이 1m30cm
- 나무 비즈(구멍 크기 약 2mm) 7mm 6개

◉ 마름질하기

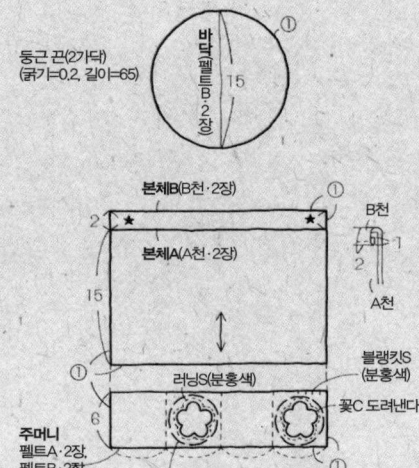

*자수실은 25번 자수실 3가닥을 사용하세요.
*마름질하기와 실물 크기 본에는 시접이 포함되어 있지 않습니다.
원문자가 가리키는 숫자는 시접의 치수입니다. 시접을 지정한 부분 이외에는 시접을 두지 말고 그대로 마름질하세요.

◉ 만드는 방법

1 주머니를 만든다.

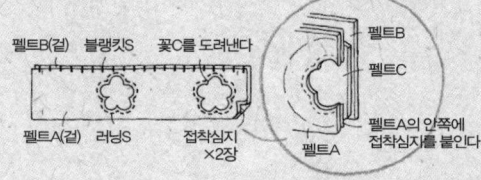

2 주머니를 사이에 끼우고 본체A의 옆선을 박는다.

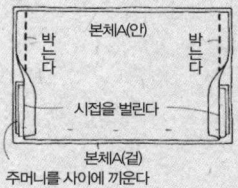

3 주머니에 칸을 나눈다.

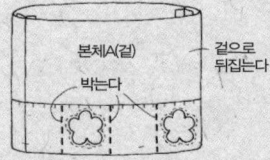

4 본체B의 옆선을 박는다

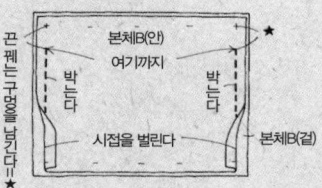

5 본체와 바닥을 박는다.

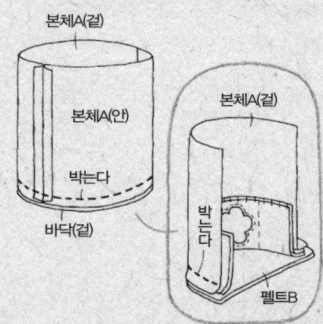

6 본체B를 바닥의 시접에 달고, 입구를 접어 바느질 한다.

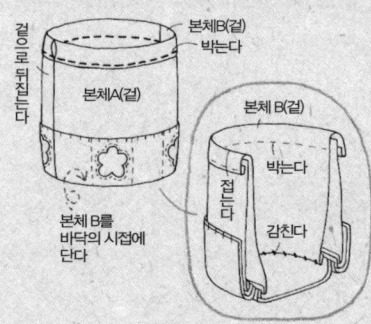

7 끈을 꿴다.

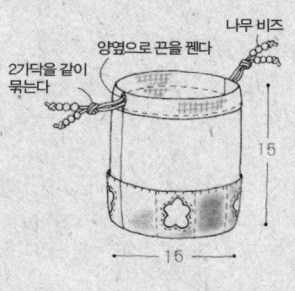

디자인·제작 / 고자키 다마미

바늘방석

자동차, 서양 배, 강아지 모양의 바늘방석이예요.
입체적인 모양이 아주 귀여워요!
서양 배 바늘방석은 매직테이프로 고무줄을 달아 손목에 감아놓고 사용할 수도 있어요.

⊙ 만드는 방법

1 본체A와 본체B에 모양을 낸다.

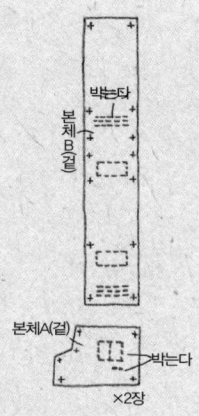

2 본체A와 본체B를 바느질한다.

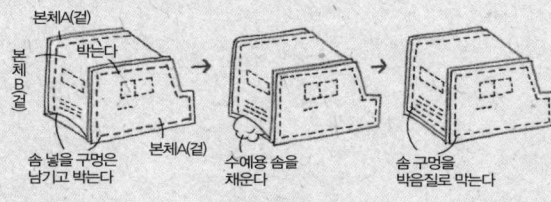

3 단추를 단다.

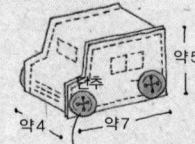

⊙ 실물 크기 본

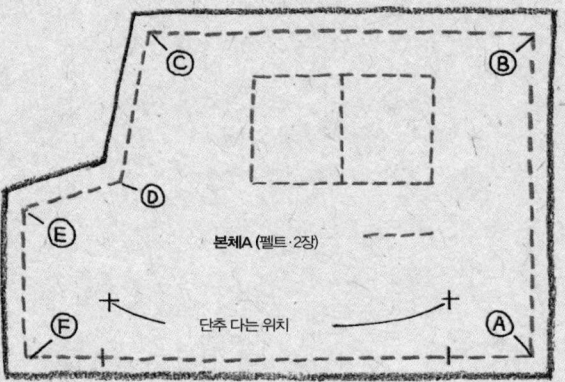

43 자동차 바늘방석

⊙ 준비물

- 펠트(흰색) 두께 1mm, 15×25cm
- 단추 지름 2cm 4개
- 수예용 솜 약 12g

*실물 크기 본에는 시접이 포함되어 있지 않습니다. 시접을 두지 말고 그대로 마름질하세요.

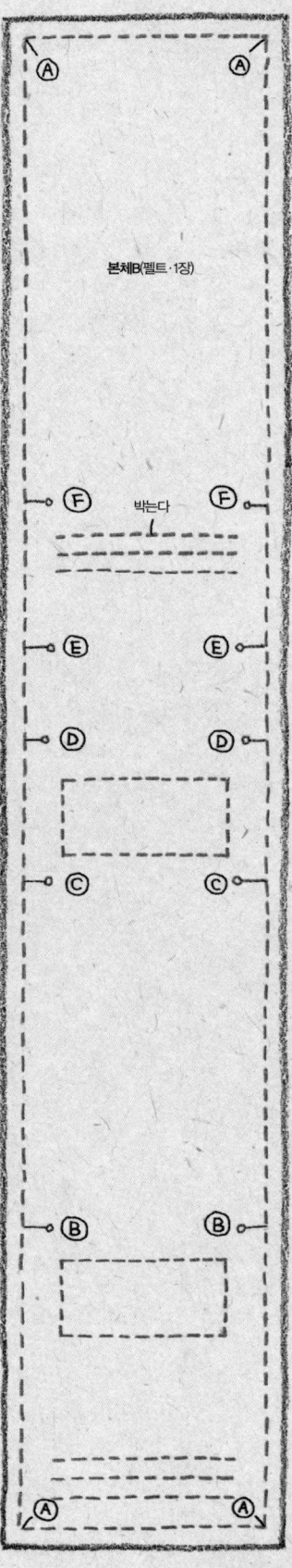

90/91
LITTLE FELT CRAFTS
CHAPTER 4

◉ **실물 크기 본**

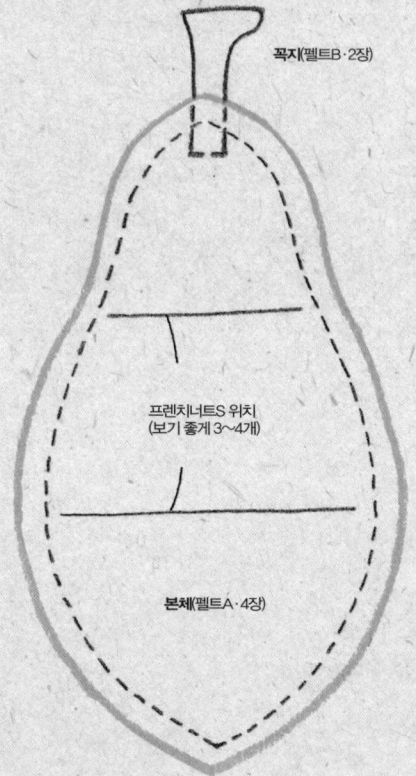

꼭지(펠트B·2장)

프렌치너트S 위치
(보기 좋게 3~4개)

본체(펠트A·4장)

44 서양 배 바늘방석

◉ **준비물**

- 펠트A(노란색) 두께 1mm, 15×20cm
- 펠트B(흐린 노란색) 두께 1mm, 5×5cm
- 매직테이프 2.5×1cm
- 고무줄 1.4cm폭 20cm
- 25번 자수실(다갈색) 적당히
- 수예용 솜 약 8g
- 수예용 접착제 적당히

◉ **만드는 방법**

1 꼭지를 만든다.

접착제로 2장을 붙인다

꼭지(겉)

2 본체를 박는다.

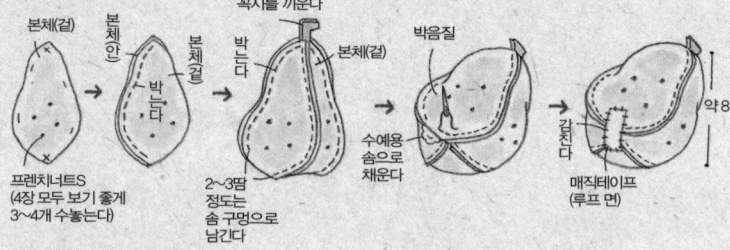

3 손목 밴드를 만든다.

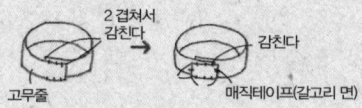

*실물 크기 본에는 시접이 포함되어 있지 않습니다. 시접을 두지 말고 그대로 마름질하세요.

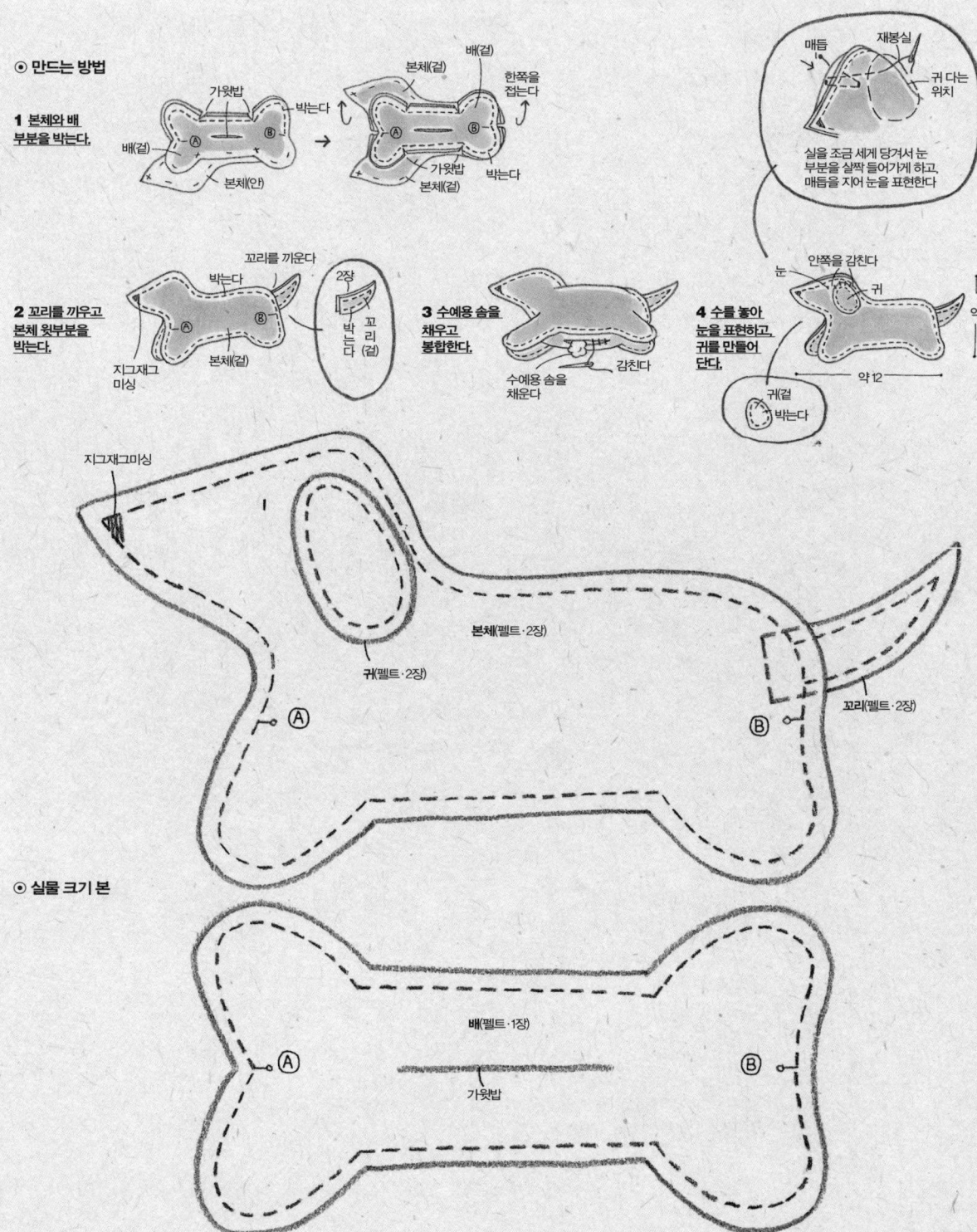

가위집, 줄자 케이스 커버, 쪽가위집

디자인·제작 / 니시무라 아키코

그냥 놔두면 어쩐지 위험해 보이는 가위와 조금 멋을 부려서 사용하고 싶은 줄자에
커버를 만들어 주었어요. 빨간색 실로 기하학 문양이 생각나게 하는 크로스 스티치를 놓았답니다.
가위가 쉽게 빠지지 말라고 똑딱단추도 달았지요.

46 줄자 케이스 커버

◉ 준비물

- 펠트A(진회색) 두께 1mm, 15×10cm
- 펠트B(빨간색) 두께 1mm, 5×20cm
- 25번 자수실(빨간색) 적당히
- 웨이스트 캔버스 5×5cm
- 케이스(원형) 달린 줄자 1개

47 쪽가위집

◉ 준비물

- 펠트A(진회색) 두께 1mm, 10×10cm
- 펠트B(빨간색) 두께 1mm, 10×10cm
- 양면 접착심지 10×10cm
- 25번 자수실(빨간색) 적당히
- 똑딱단추 지름 0.5cm 1쌍
- 웨이스트 캔버스 5×5cm

48 가위집

◉ 준비물

- 펠트A(진회색) 두께 1mm, 15×20cm
- 펠트B(빨간색) 두께 1mm, 15×20cm
- 양면 접착심지 15×20cm
- 웨이스트 캔버스 5×20cm
- 25번 자수실(빨간색) 적당히
- 똑딱단추 지름 0.5cm 1쌍

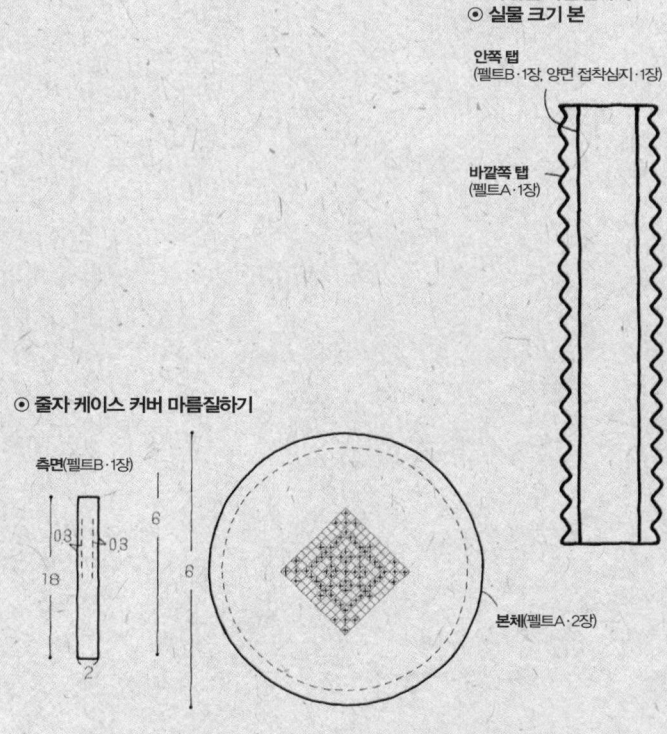

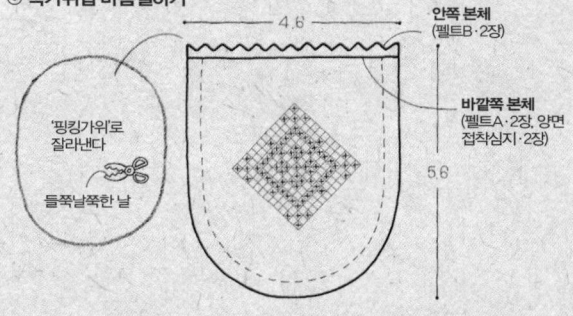

X = 크로스 스티치(빨간색)

*자수 명칭에 붙은 S는 '스티치(stitch)'의 약자입니다.
*특별히 지정한 자수실 이외에는 25번 자수실 2가닥을 사용하세요.
*마름질하기와 실물 크기 본은 시접을 두지 말고 그대로 마름질하세요.

94/95
LITTLE FELT CRAFTS
CHAPTER 4

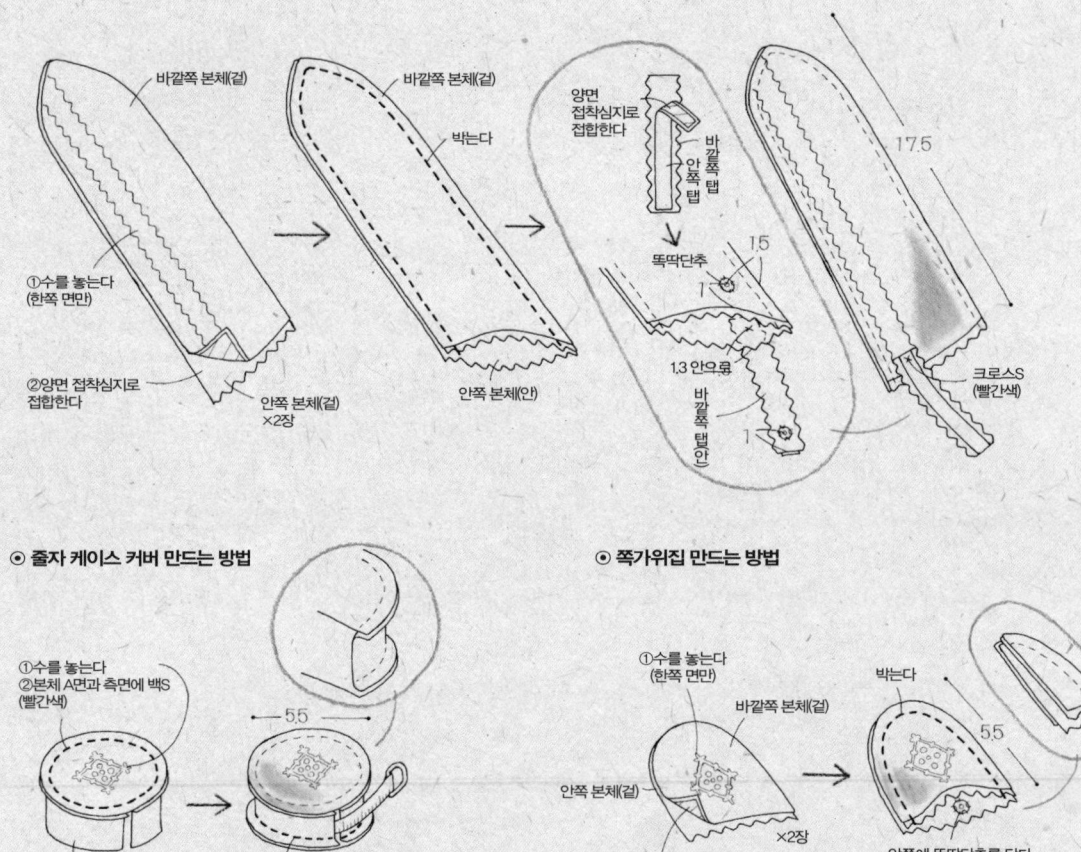

◉ 가위집 만드는 방법

◉ 줄자 케이스 커버 만드는 방법

◉ 쪽가위집 만드는 방법

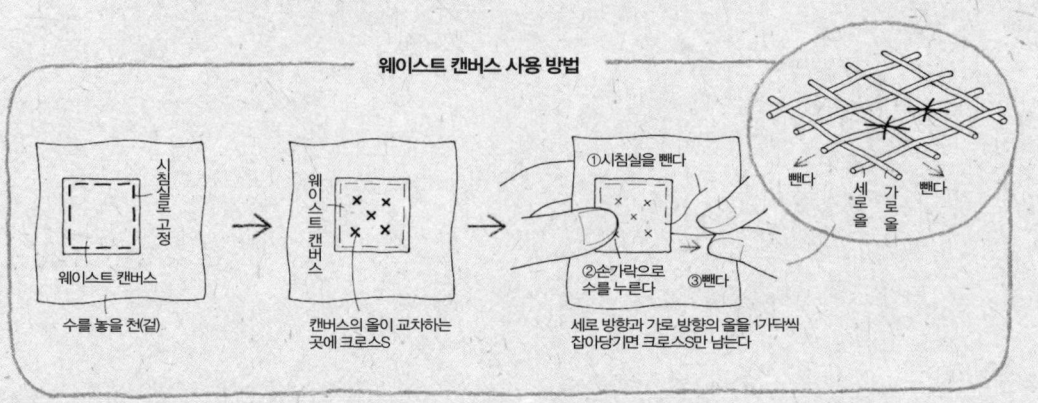

웨이스트 캔버스 사용 방법

96/97
LITTLE FELT CRAFTS
CHAPTER 5

◉ 만드는 방법

1 바깥쪽 측면과 바깥쪽 발등을 박는다(안쪽 측면과 안쪽 발등도 마찬가지로 박는다).

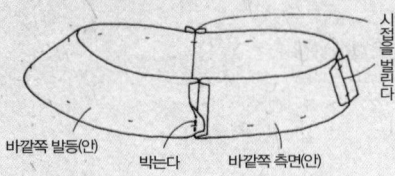

시접을 벌린다
바깥쪽 발등(안)
박는다
바깥쪽 측면(안)

2 바깥쪽 측면과 바깥쪽 바닥을 박는다(안쪽 측면과 안쪽 바닥도 마찬가지로 박는다).

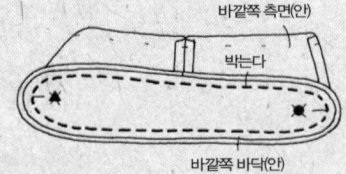

바깥쪽 측면(안)
박는다
바깥쪽 바닥(안)

3 바깥쪽과 안쪽을 합해서 입구를 꿰맨다.

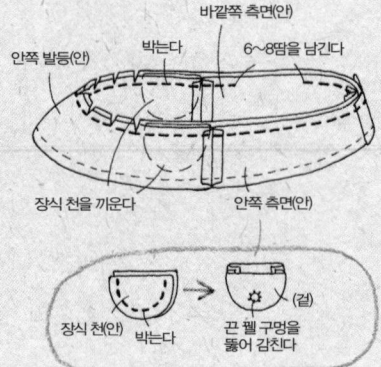

안쪽 발등(안)
박는다
바깥쪽 측면(안)
6~8땀을 남긴다
장식 천을 끼운다
안쪽 측면(안)

장식 천(안)
박는다
끈 꿸 구멍을 뚫어 감친다
(겉)

4 겉으로 뒤집고 창구멍을 감친다.

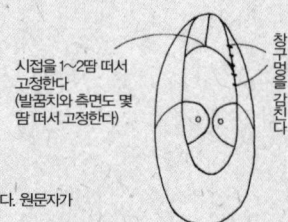

시접을 1~2땀 떠서 고정한다
(발꿈치와 측면도 몇 땀 떠서 고정한다)
창구멍을 감친다

*실물 크기 본에는 시접이 포함되어 있지 않습니다. 원문자가 가리키는 숫자는 시접의 치수입니다.

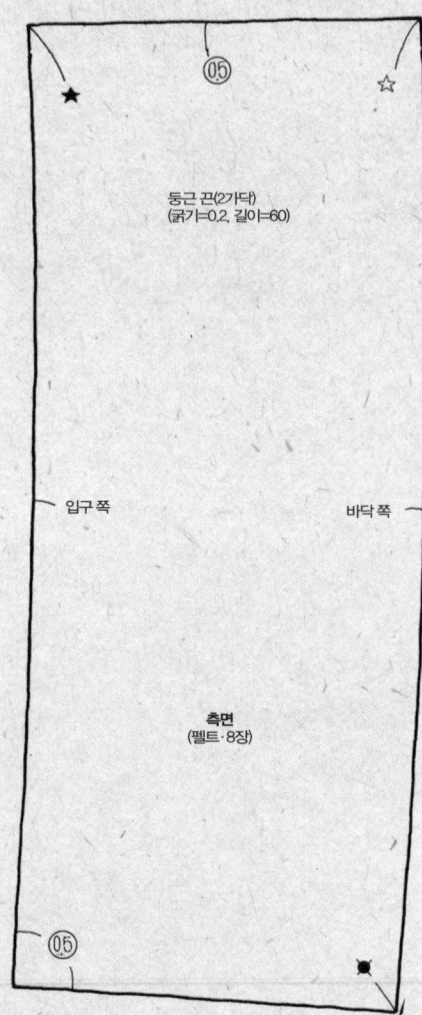

⑤
★ ☆
둥근 끈(2가닥)
(굵기=0.2, 길이=60)
입구 쪽
바닥 쪽
측면
(펠트·8장)
⑤

5 숨은상침을 하고 끈을 꿴다.

숨은상침
02 0.7
안쪽 본체(겉)
안쪽 본체 시접
바깥쪽 본체 시접
바깥쪽 본체의 천은 뜨지 않는다
바깥쪽 본체(안)시접

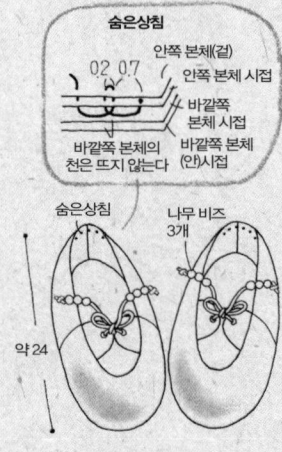

숨은상침
나무 비즈 3개
약 24

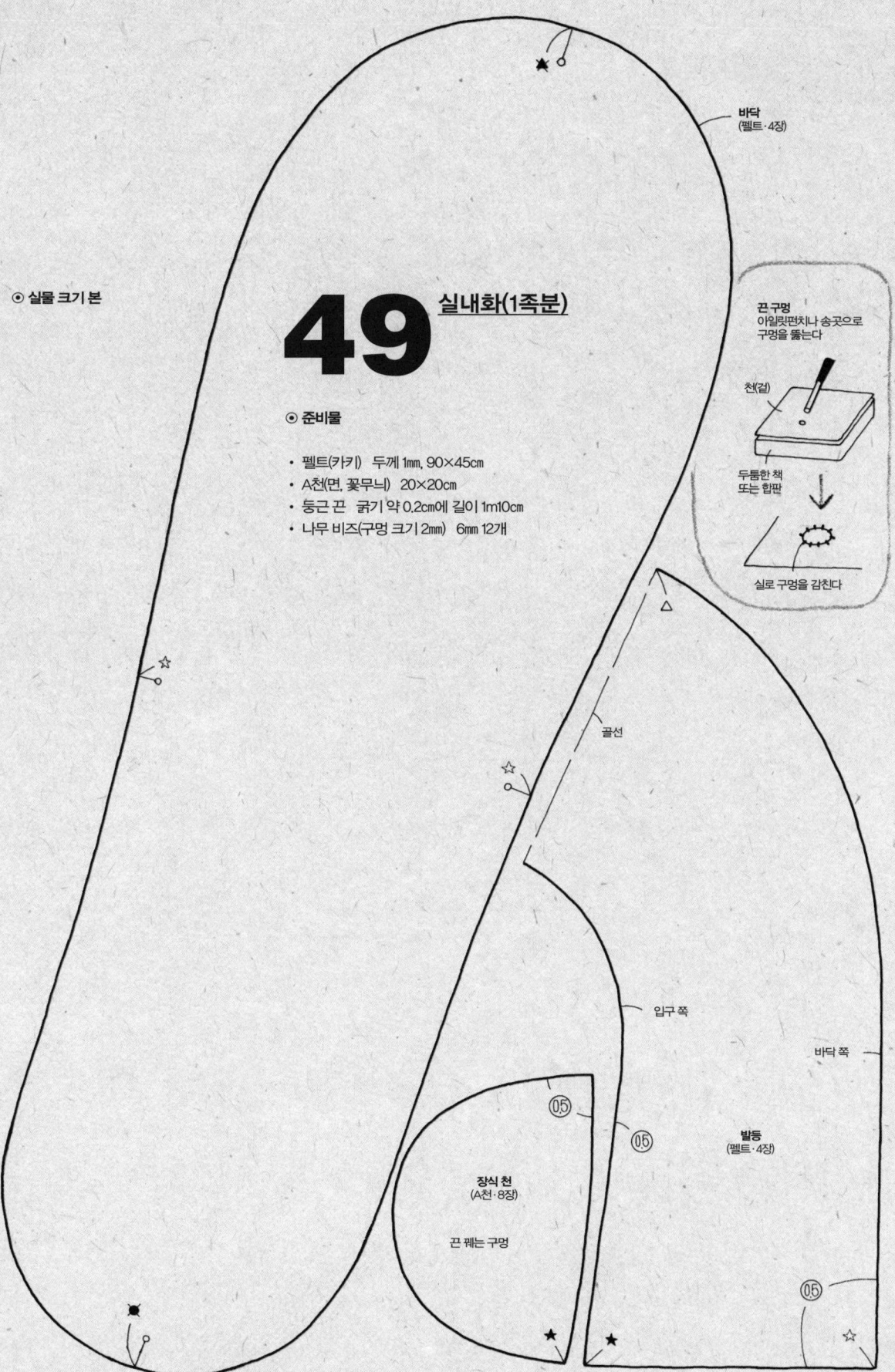

98/99
LITTLE FELT CRAFTS
CHAPTER 5

디자인·제작 / 산샤 하루미

비즈 소품 바구니

대, 중, 소의 크기로 만든, 색이 참 고운 소품 바구니예요. 사용하지 않을 때는 겹쳐 두세요.
자리도 덜 차지하고, 장식품으로도 활용할 수 있어요. 수를 놓은 연꽃과 가장자리에 달린 비즈가 참 예쁘죠?

50 비즈 소품바구니

⊙ 준비물

겨자색 소품 바구니
- 펠트(겨자색) 두께 2mm, 30×20cm
- 25번 자수실(금색, 밝은 청록색) 적당히
- 둥글고 큰 비즈(터퀴스블루) 약 60개

자주색 소품 바구니
- 펠트(자주색) 두께 2mm, 30×25cm
- 25번 자수실(금색, 녹갈색) 적당히
- 둥글고 큰 비즈(금색) 약 70개

밝은 청록색 소품 바구니
- 펠트(밝은 청록색) 두께 2mm, 35×25cm
- 25번 자수실(금색, 밝은 빨간색) 적당히
- 둥글고 큰 비즈(어두운 분홍색) 약 90개

⊙ 만드는 방법

마름질하기

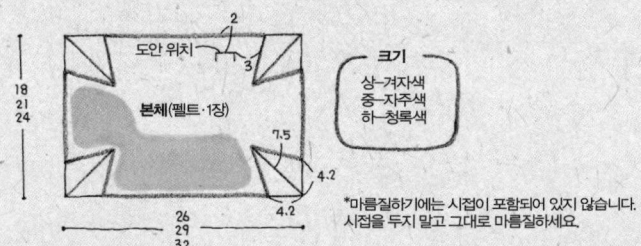

*마름질하기에는 시접이 포함되어 있지 않습니다.
시접을 두지 말고 그대로 마름질하세요.

1 수를 놓는다.

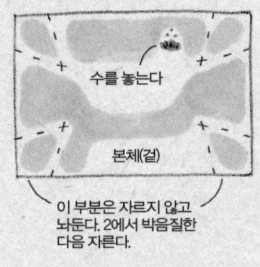

2 모서리를 안으로 접어 박는다.

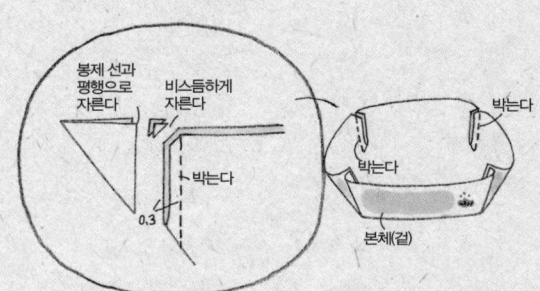

3 가장자리에 블랭킷S를 한다.

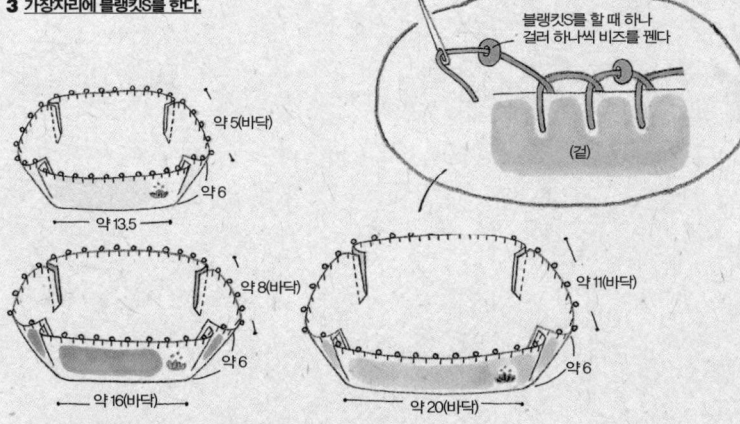

⊙ 실물 크기 도안

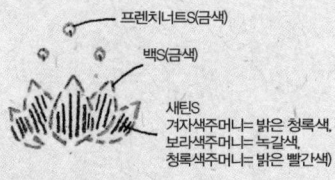

- 프렌치너트S(금색)
- 백S(금색)
- 새틴S
  겨자색주머니는 밝은 청록색,
  보라색주머니는 녹갈색,
  청록색주머니는 밝은 빨간색

*자수 명칭에 붙은 S는 '스티치(stitch)'의 약자입니다.
*특별히 지정한 자수실 이외에는 25번 자수실 2가닥을 사용하세요.

똑딱단추로 여며서 사용하는 소품 바구니예요.
사용하지 않을 때는 똑딱단추를 풀고 펴서 보관해 보세요.
방안의 자질구레한 물건들을 깔끔하게 정리할 수 있어요.

똑딱단추 소품 바구니

디자인·제작 / 산샤 하루미

⊙ 마름질하기

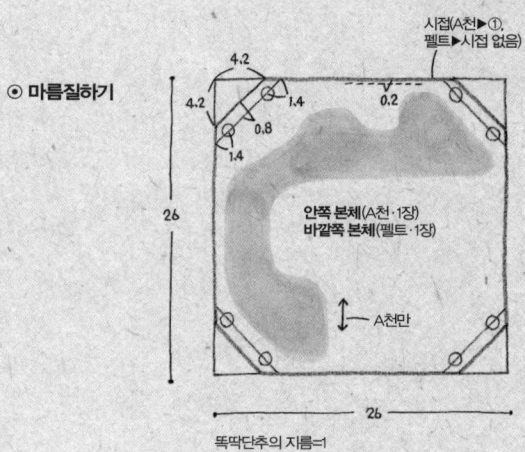

시접(A천▶①,
펠트▶시접 없음)

안쪽 본체(A천·1장)
바깥쪽 본체(펠트·1장)

A천만

똑딱단추의 지름=1

⊙ 만드는 방법

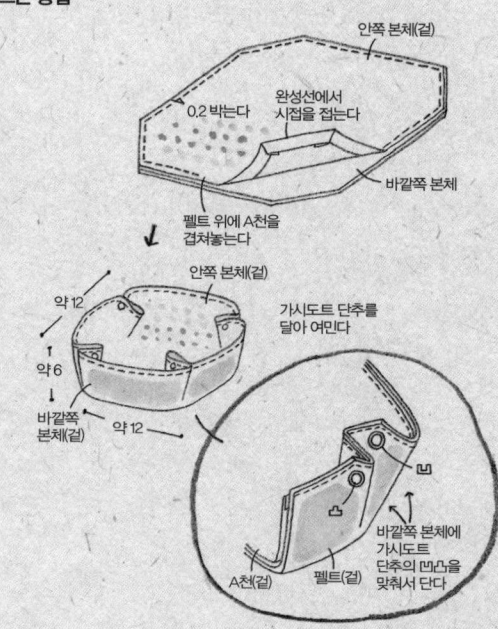

51 소품 바구니(1점분)

⊙ 준비물

- 펠트(no.59 갈색, no.60 노란색) 두께 2mm, 30×30cm
- A천(면 이중거즈, 프린트무늬) 30×30cm
- 가시도트 단추 지름 1cm 4쌍

*마름질하기와 실물 크기 본에는 시접이 포함되어 있지 않습니다.
원문자가 가리키는 숫자는 시접의 치수입니다. 시접을 지정한 부분
이외에는 시접을 두지 말고 그대로 마름질하세요.

⊙ 가시도트 단추 다는 방법

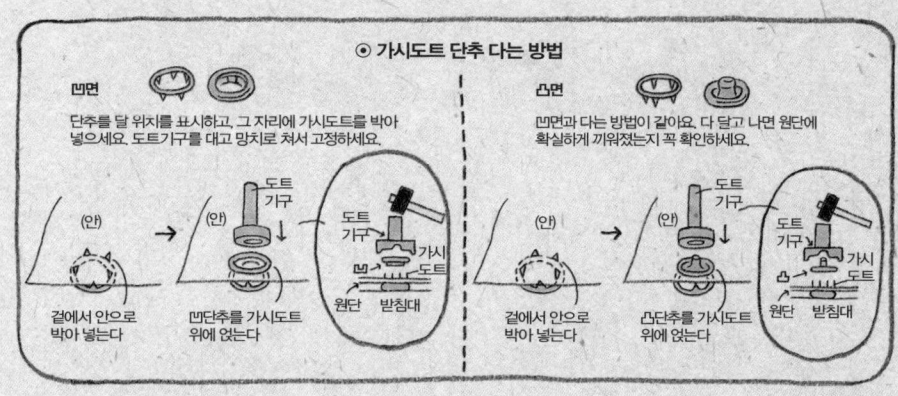

… LITTLE FELT CRAFTS CHAPTER 5

아플리케 쿠션

네모와 동그라미 모티브를 아플리케로 꾸며준 쿠션이에요.
모티브의 표면을 바늘 끝으로 살짝 긁으면 바탕이 되는 펠트와
어울려서 편안한 느낌이 들어요.

디자인·제작 / 요시모리 가쓰코

52 사각 아플리케 쿠션

⊙ 준비물

- 펠트A(흐린 노란색) 두께 1mm, 70×35cm
- 펠트B(노란색) 두께 1mm, 10×10cm
- 펠트C(황록색) 두께 1mm, 15×10cm
- 펠트D(오프화이트) 두께 1mm, 10×5cm
- 펠트E(적자색) 두께 1mm, 10×10cm
- 펠트F(다갈색) 두께 1mm, 10×10cm
- 수예용 솜 약 200g
- 25번 자수실(펠트B~F와 똑같은 색 사용) 적당히

⊙ 사각 아플리케 쿠션 마름질하기

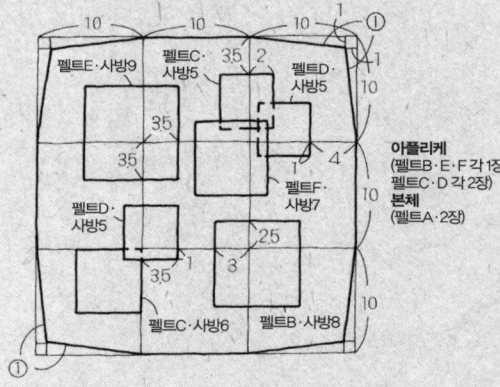

53 원 아플리케 쿠션

⊙ 준비물

- 펠트A(다갈색) 두께 1mm, 70×35cm
- 펠트B(노란색) 두께 1mm, 15×15cm
- 펠트C(회색) 두께 1mm, 15×10cm
- 펠트D(오프화이트) 두께 1mm, 10×10cm
- 펠트E(적자색) 두께 1mm, 10×10cm
- 펠트F(하늘색) 두께 1mm, 10×10cm
- 수예용 솜 약 200g
- 25번 자수실(펠트B~F와 똑같은 색 사용) 적당히

⊙ 원 아플리케 쿠션 마름질하기

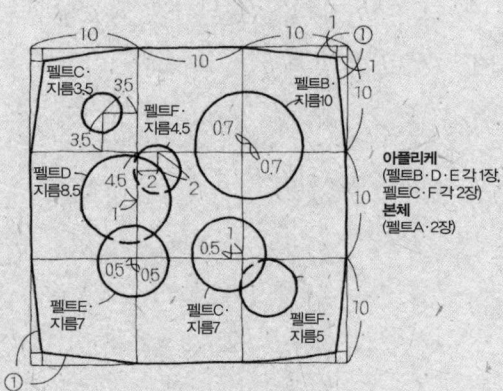

⊙ 만드는 방법

1 아플리케를 한다.

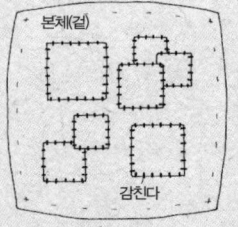

2 완성선을 따라 박는다.

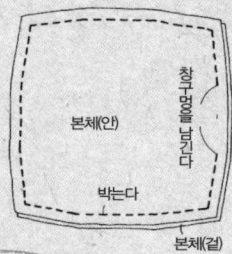

3 겉으로 뒤집어서 솜을 채워 감친다.

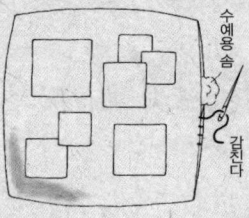
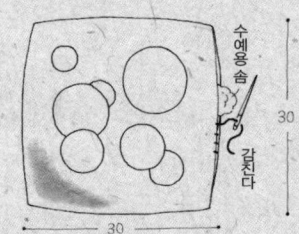

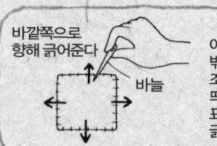

*감칠 때는 펠트B~F와 색깔이 같은 25번 자수실 1가닥을 사용하세요.
*마름질하기에는 시접이 포함되어 있지 않습니다. 원문자가 가리키는 숫자는 시접의 치수입니다. 시접을 지정한 부분 이외에는 시접을 두지 말고 그대로 마름질하세요.

디자인·제작 / 도리우 미유키

작은 새 마스코트

귀여운 새 마스코트예요. 나만의 문구를 수놓아 다양하게 활용할 수 있어요.

◉ 실물 크기 본

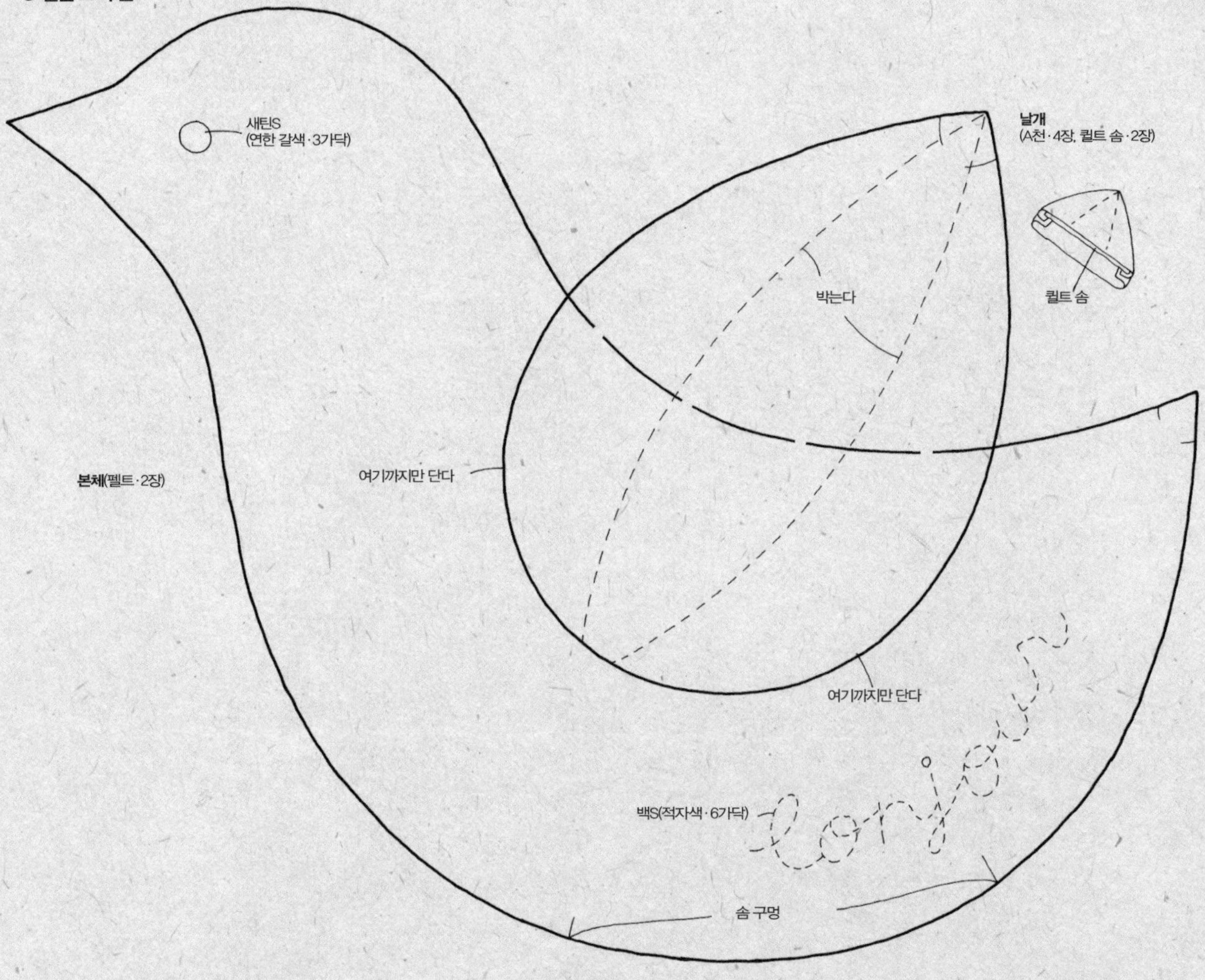

새틴S
(연한 갈색·3가닥)

날개
(A천·4장, 퀼트 솜·2장)

퀼트 솜

박는다

본체(펠트·2장)

여기까지만 단다

여기까지만 단다

백S(적자색·6가닥)

솜 구멍

54 작은 새 마스코트

*자수 명칭에 붙은 S는 '스티치(stitch)'의 약자입니다.
*실물 크기 본에는 시접이 포함되어 있지 않습니다. 원문자가 가리키는 숫자는 시접의 치수입니다.

◉ 준비물

- 펠트(흰색) 두께 1mm, 25×25cm
- A천(면 와플 지, 민무늬) 40×25cm
- 퀼트 솜 15×10cm
- 25번 자수실(적자색, 연한 갈색) 적당히
- 수예용 솜 약 35g

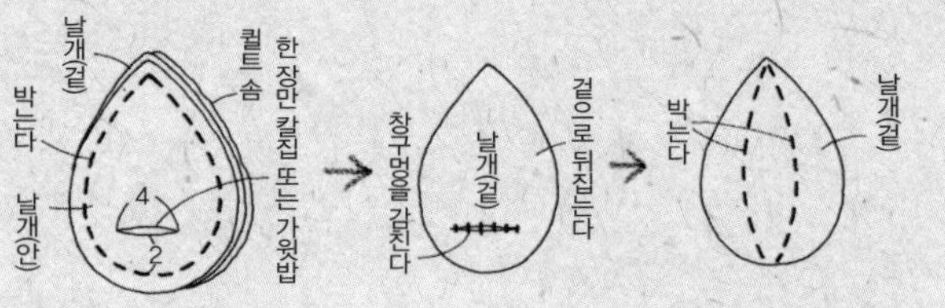

◉ 만드는 방법

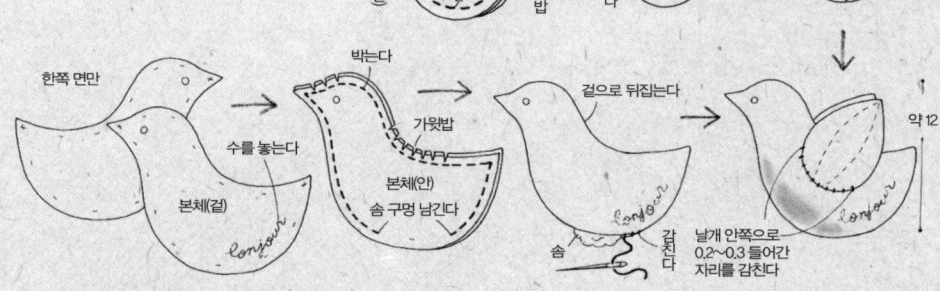

106/107
LITTLE FELT CRAFTS
CHAPTER 5

디자인·제작 / 산샤 하루미

미니 화분 커버 세트

초록색 식물을 따뜻하게 감싸주는 미니 화분 커버예요. 따뜻해 보이는 펠트가 방안에 온기를 더해주지요.
여러 가지 색의 펠트를 조합해서 화려하게 만들어도 좋고,
작은 펠트 조각을 덧대어 장식해도 좋아요. 원하는 대로, 생각나는 대로 만들어보세요.

55 삼색 화분 커버

⊙ 준비물

- 펠트A(모스그린) 두께 2mm, 20×10cm
- 펠트B(노란색) 두께 2mm, 20×10cm
- 펠트C(주황색) 두께 2mm, 20×20cm
- 25번 자수실(분홍색, 밝은 청록색) 적당히

56 블루 화분 커버

⊙ 준비물

- 펠트A(파란색) 두께 2mm, 20×25cm
- 펠트B(분홍색) 두께 1mm, 5×5cm
- 펠트C(밝은 빨간색) 두께 1mm, 1×1cm
- 펠트D(밝은 청록색) 두께 1mm, 1×1cm
- 펠트E(연두색) 두께 1mm, 1×1cm
- 펠트F(연한 초록색) 두께 1mm, 5×5cm
- 펠트G(노란색) 두께 1mm, 1×1cm
- 펠트H(베이지색) 두께 1mm, 1×1cm
- 25번 자수실(밝은 청록색, 노란색, 녹갈색, 분홍색) 적당히

57 베이지 화분 커버

⊙ 준비물

- 펠트A(베이지색) 두께 2mm, 20×25cm
- 펠트B(분홍색) 두께 1mm, 1×1cm
- 펠트C(연분홍색) 두께 1mm, 1×1cm
- 펠트D(밝은 빨간색) 두께 1mm, 1×1cm
- 펠트E(밝은 청록색) 두께 1mm, 1×1cm
- 펠트F(연두색) 두께 1mm, 1×1cm
- 펠트G(연한 초록색) 두께 1mm, 1×1cm
- 펠트H(노란색) 두께 1mm, 1×1cm
- 펠트I(적자색) 두께 1mm, 1×1cm
- 25번 자수실(밝은 청록색, 노란색, 녹갈색, 분홍색) 적당히

⊙ 마름질하기

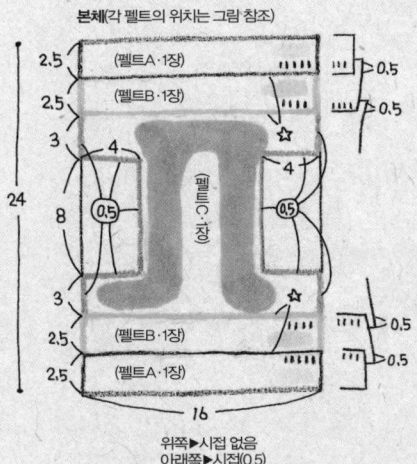
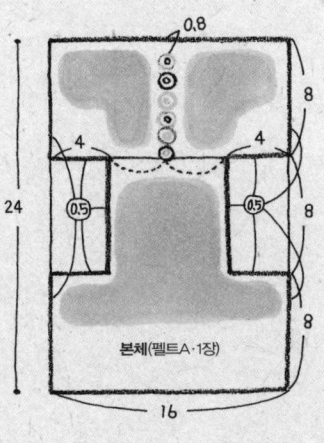
*아플리케의 배색은 아래 그림 참조.
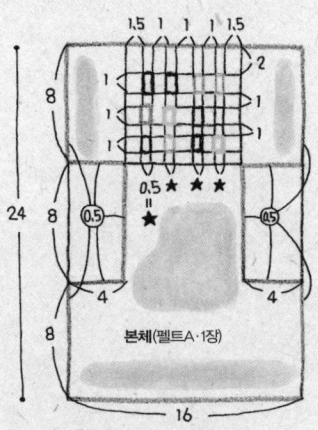
*아플리케의 배색은 아래 그림 참조.

⊙ 만드는방법

1 펠트를 이어준다.(no.55)

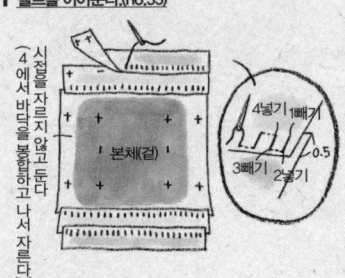

2 아플리케를 한다(no.56, no.57). (수를 놓을 때는 25번 자수실 2가닥을 사용해서 서로 색이 어울리도록 하세요)

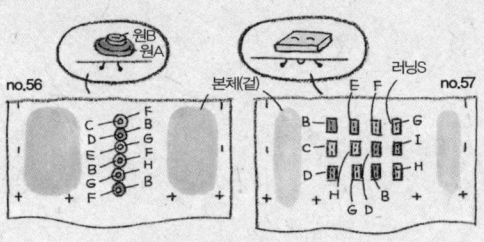

⊙ no.56의 실물 크기 본

3 옆선을 박는다.

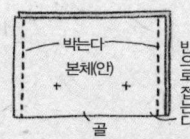

4 바닥을 박는다.

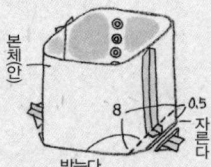

5 겉으로 뒤집는다.

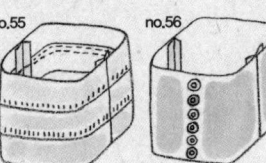
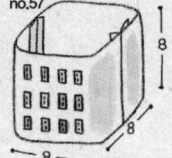

*마름질하기에는 시접이 포함되어 있지 않습니다. 원문자가 가리키는 숫자는 시접의 치수입니다. 시접을 지정한 부분 이외에는 시접을 두지 말고 그대로 마름질하세요.

LITTLE FELT CRAFTS
CHAPTER 5

디자인·제작 / powa★powa★

쿠키 자매

진한 밤색 상자에 옹기종기 모여 있는 동그란 쿠키 자매.
따뜻하고 다정한 표정이 정말 귀여워요!
어쩐지 감각이 느껴지는 진한 밤색 상자. 뚜껑을 열어보니······.
와우, 동그란 얼굴의 쿠키 자매!
착착 줄 서 있는 쿠키들, 정말 커피 생각이 절로 나지요.

⊙ 마름질하기 ⊙ 만드는 방법

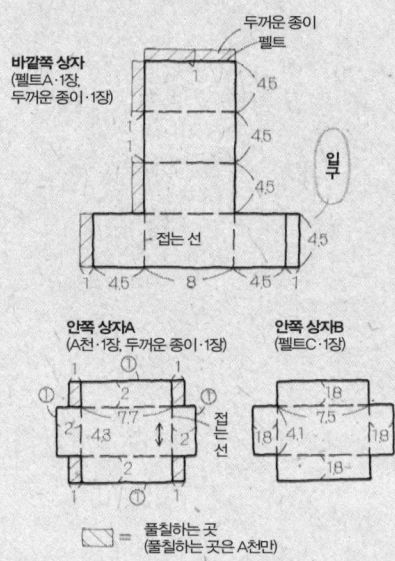

1 바깥쪽 상자를 만든다.
(두꺼운 종이에 접은 자국을 낸다.)

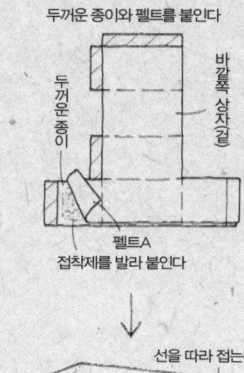

2 안쪽 상자를 만든다.
(두꺼운 종이에 접은 자국을 낸다.)

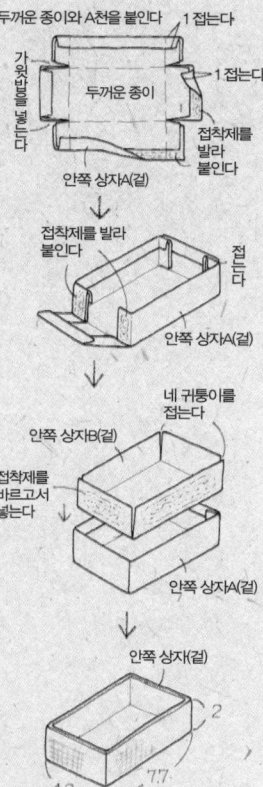

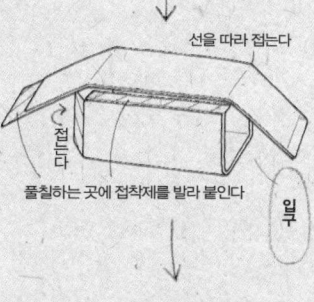

선을 따라 접는다

풀칠하는 곳에 접착제를 발라 붙인다

58 쿠키 자매

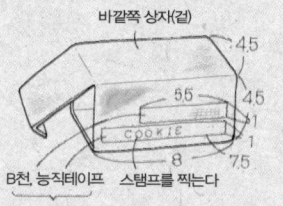

B천 능직테이프 스탬프를 찍는다
상자 옆면에 보기 좋게 붙인다

⊙ 준비물

- 펠트A(다갈색) 두께 1mm, 20×20cm
- 펠트B(흐린 노란색) 두께 1mm, 20×20cm
- 펠트C(흰색) 두께 1mm, 20×20cm
- A천(면, 격자무늬) 15×15cm
- B천(면, 격자무늬) 5×10cm
- 능직테이프 1cm폭 20cm
- 두꺼운 종이 20×35cm
- 25번 자수실(다갈색, 흰색, 흐린 노란색) 적당히
- 수예용 접착제 적당히

⊙ 실물 크기 본

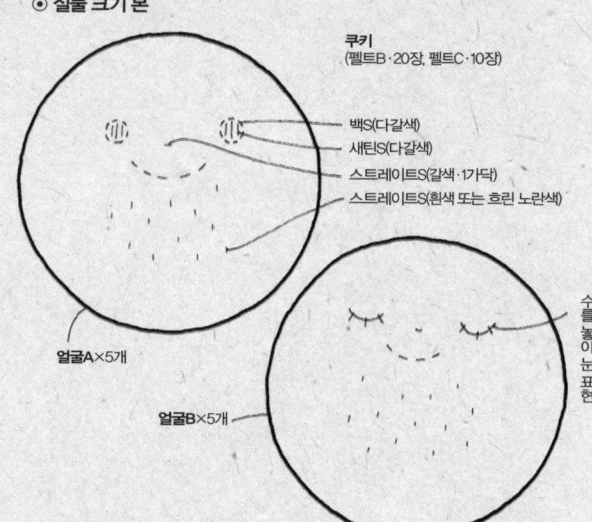

⊙ 쿠키 자매 만드는 방법 (아래의 설명은 1개분입니다.)

*눈을 수놓는 방법은 p.12 플라이스티치 응용을 참조하세요.
*특별히 지정한 자수실 이외에는 25번 자수실 2가닥을 사용하세요.
*마름질하기와 실물 크기 본에는 시접이 포함되어 있지 않습니다. 원문자가 가리키는 숫자는 시접의 치수입니다. 시접을 지정한 부분 이외에는 시접을 두지 말고 그대로 마름질하세요.

캐러멜 형제

작고 작은 노란색 캐러멜 상자 속에는
방긋 웃고 있는 캐러멜 형제들이 들어 있어요.
캐러멜 상자 발견! 귀여운 캐러멜들이 한가득!
싱글벙글 캐러멜들.
깨끗한 포장지에 싸여서 뒤태까지 말끔하네요.

디자인·제작 / powa★powa★

59 캐러멜 형제

◉ 만드는 방법

1 바깥쪽 상자를 만든다.
(두꺼운 종이에 접은 자국을 낸다.)

2 안쪽 상자를 만든다.
(두꺼운 종이에 접은 자국을 낸다.)

◉ 준비물

- 펠트A(노란색) 두께 1mm, 20×15cm
- 펠트B(오프화이트) 두께 1mm, 15×10cm
- A천(면, 물방울무늬) 15×10cm
- B천(면, 줄무늬) 15×10cm
- 토션 레이스 1.5cm폭 10cm
- 25번 자수실(갈색, 오프화이트, 분홍색) 적당히
- 두꺼운 종이 15×20cm
- 수예용 접착제 적당히
- 수예용 솜 조금

◉ 마름질하기

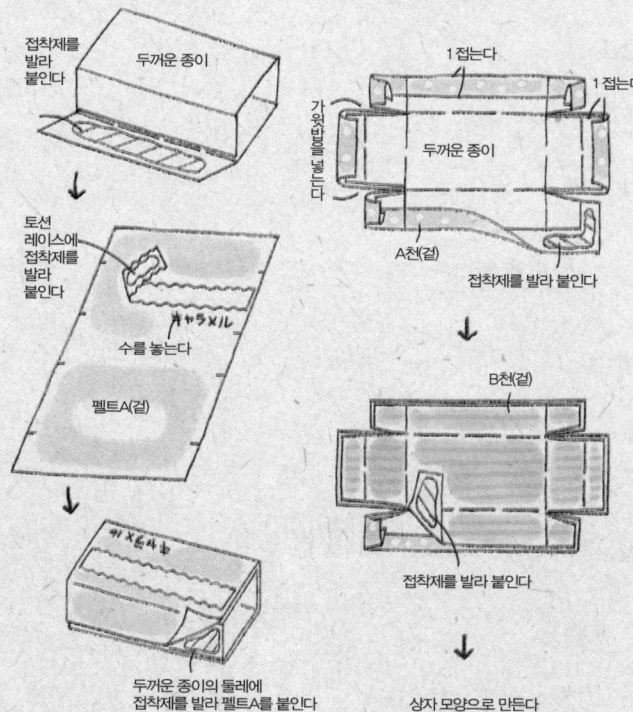

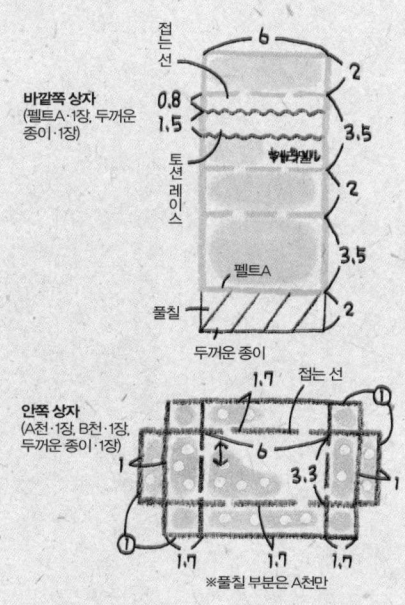

◉ 실물 크기 본

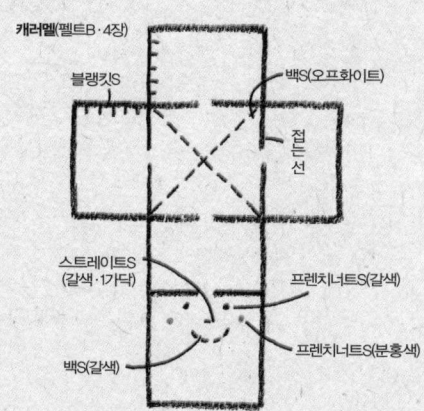

◉ 캐러멜 형제 만드는 방법

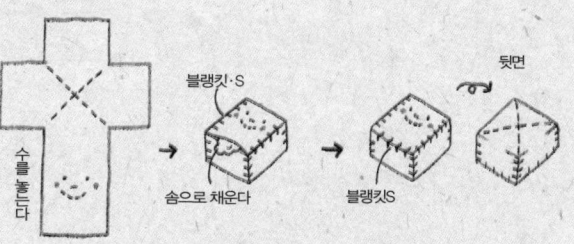

*자수 명칭에 붙은 S는 '스티치'(stitch)'의 약자입니다.
*특별히 지정한 자수실 이외에는 25번 자수실 2가닥을 사용하세요.
*마름질하기와 실물 크기 본에는 시접이 포함되어 있지 않습니다. 원문자가 가리키는 숫자는 시접의 치수입니다. 시접을 지정한 부분 이외에는 시접을 두지 말고 그대로 마름질하세요.

버섯 집

색색의 갓이 눈에 확 들어오는 예쁜 버섯 집이에요. 이 집의 주인은 양모 펠트로 만든 작은 요정이지요.
네모난 창으로 내다보고 있네요. 바깥이 신경 쓰이는 걸까요? 버섯 집에 사는 작은 주인. 밖으로 나오고 싶니?
버섯 마을의 사이좋은 세 요정. 목도리도 두르고, 외출 준비 끝!

디자인·제작 / powa★powa★

60 버섯 집의 주인

◉ 준비물

- 양모 펠트A(흐린 노란색) 약 1g
- 양모 펠트B(하늘색, 보르도, 연한 풀색) 약 1g
- 양모 펠트C(연한 풀색, 크림, 분홍색) 조금
- 25번 자수실(다갈색, 빨간색, 분홍색) 적당히
- 펠팅 니들(양모용) 1개
- 펠팅용 매트

◉ 만드는 방법

1 지름 1.5cm의 방울을 만들어 양모 펠트A에 대고 전용 바늘로 찔러가며 고정한다.

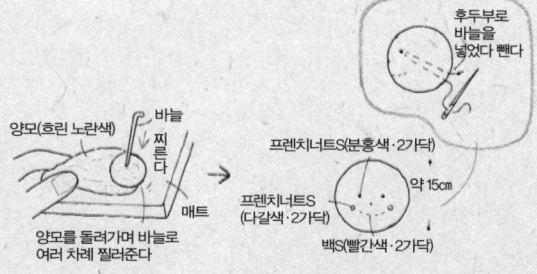

2 양모 펠트B를 가늘고 길게 말고, 매트 위에서 굴려가며 바늘로 찔러 동체를 만든다.

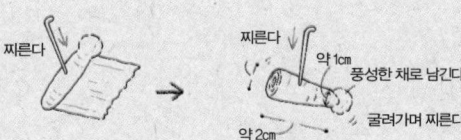

3 풍성한 채로 남긴 부분과 머리를 바늘로 찔러가며 이어준다.

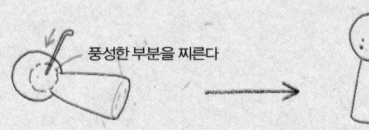

4 모자를 씌우고, 얼굴 부분을 제외한 나머지를 바늘로 찌른다.

 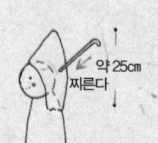

5 양모 펠트C를 양손에 넣고 비벼서 가늘고 길게 만들어 목에 둘러준다.

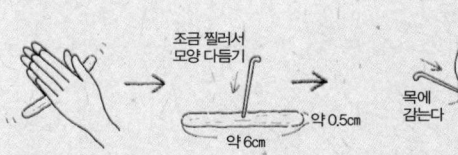 

114/115
LITTLE FELT CRAFTS
CHAPTER 5

61 버섯 집

◉ 만드는 방법

◉ 준비물

- 펠트A(흰색) 두께 1mm, 15×10cm
- 펠트B(빨간색, 갈색, 노란색) 두께 1mm, 10×10cm
- 25번 자수실(흰색, 빨간색, 갈색, 노란색) 적당히
- 펠팅 니들(felting needle, 아플리케용) 1개
- 펠팅용 매트

◉ 실물 크기 본

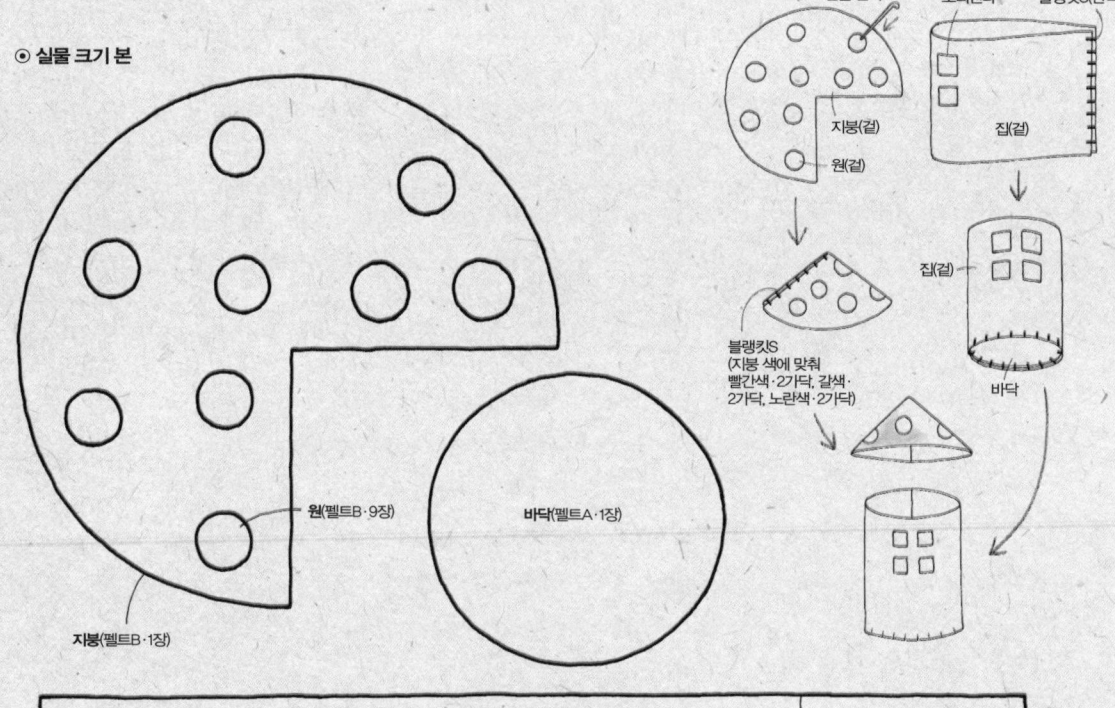

원(펠트B·9장)
바닥(펠트A·1장)
지붕(펠트B·1장)

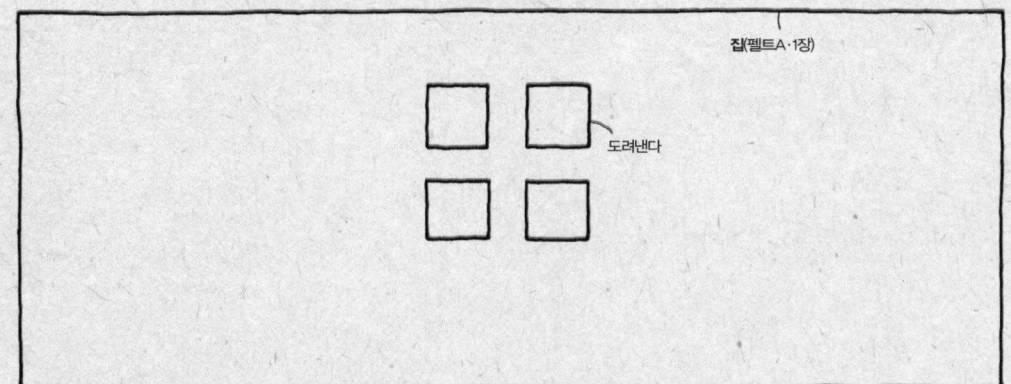

집(펠트A·1장)
도려낸다

*마름질하기와 실물 크기 본은 시접을 두지 말고 그대로 마름질하세요.

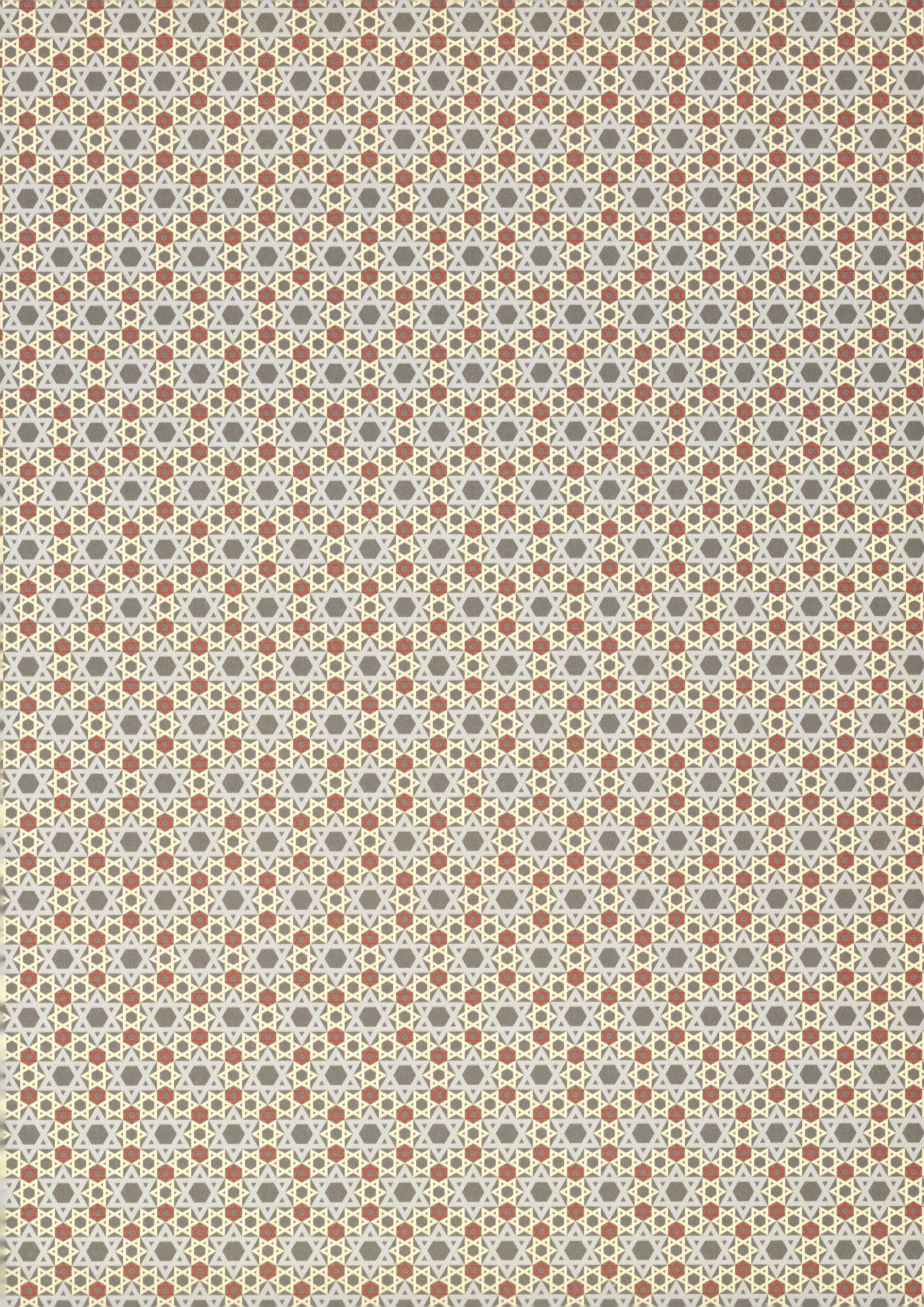